FORMAÇÃO DA NAÇÃO BRASILEIRA

Conselho Acadêmico
Ataliba Teixeira de Castilho
Carlos Eduardo Lins da Silva
Carlos Fico
Jaime Cordeiro
José Luiz Fiorin
Tania Regina de Luca

Proibida a reprodução total ou parcial em qualquer mídia
sem a autorização escrita da editora.
Os infratores estão sujeitos às penas da lei.

A Editora não é responsável pelo conteúdo deste livro.
O Autor conhece os fatos narrados, pelos quais é responsável,
assim como se responsabiliza pelos juízos emitidos.

Consulte nosso catálogo completo e últimos lançamentos em **www.editoracontexto.com.br**.

JOÃO PAULO PIMENTA

FORMAÇÃO DA NAÇÃO BRASILEIRA

Copyright © 2024 do Autor

Todos os direitos desta edição reservados à
Editora Contexto (Editora Pinsky Ltda.)

Imagem da capa
Detalhe da tela *Futebol na paróquia*
de Waldomiro SantAnna

Montagem de capa e diagramação
Gustavo S. Vilas Boas

Preparação de textos
Lilian Aquino

Revisão
Mariana Carvalho Teixeira

Dados Internacionais de Catalogação na Publicação (CIP)

Pimenta, João Paulo
Formação da nação brasileira / João Paulo Pimenta. –
São Paulo : Contexto, 2024.
224 p.

Bibliografia
ISBN 978-65-5541-430-1

1. Brasil – História I. Título

24-1370   CDD 981

Angélica Ilacqua – Bibliotecária – CRB-8/7057

Índice para catálogo sistemático:
1. Brasil – História

2024

EDITORA CONTEXTO
Diretor editorial: *Jaime Pinsky*

Rua Dr. José Elias, 520 – Alto da Lapa
05083-030 – São Paulo – SP
PABX: (11) 3832 5838
contato@editoracontexto.com.br
www.editoracontexto.com.br

Sumário

INTRODUÇÃO 7

    Por que o Brasil não se divide? 8

    O que é uma nação? 13

    E a nação brasileira? 18

ORIGENS 27

    "Brasil" e "brasileiros" 27

    Identidades coloniais 32

    Independência e Primeiro Reinado:

        a nação portuguesa fraturada 41

    Marcas de nascença da nação brasileira 62

CONSOLIDAÇÃO 65

    Regências e Segundo Reinado:

        rearranjos do Estado nacional 65

    Guerras internas e externas 78

    Nação rio-grandense e outros separatismos 93

    Fim do Império e a nação brasileira:

        variações sobre um mesmo tema 101

A NAÇÃO BRASILEIRA
COMO UMA COMUNIDADE IMAGINADA 105

Mitos, memórias e símbolos nacionais 105

Historiografia e literatura 110

Heróis, bandeiras, hinos e monumentos 125

O Brasil em três obras de arte 143

EXCLUÍDOS E INCLUÍDOS DA NAÇÃO 151

Indígenas 151

Negros 167

Imigrantes 185

CONCLUSÃO – SOBRE O FUTURO DA NAÇÃO 195

Agradecimentos 199

Notas 201

Bibliografia 211

O autor 219

INTRODUÇÃO

Este livro trata de um tema do passado que, por muitos motivos, é também do presente: as origens e a consolidação daquilo que hoje chamamos de nação brasileira, assim como muitas das variações e disputas em torno dela que, nos últimos duzentos anos, uniram e dividiram brasileiros e brasileiras.

A história de uma nação é sempre um manancial inesgotável de bons pretextos para um livro de História. De preferência, um livro que cative seu leitor sem deixar de respeitar sua capacidade de se transformar e de passar a pensar de uma maneira um pouco diferente da habitual.

No Brasil, o interesse pela história, embora menor do que muita gente desejaria, não é insignificante. Esse interesse está esparramado por muitos cantos de nossa sociedade, materializando-se em suportes desde os mais convencionais, como livros e museus, até outros relativamente novos, como foros de encontro e debate em redes sociais. Independentemente da natureza de cada um deles, o interesse pela história só pode gerar genuíno conhecimento se estiver apoiado em materiais que conciliem a fruição sensível do passado com os rigores do método científico. O prazer do conhecimento tem seu necessário complemento no compromisso com o estudo. É nesta perspectiva que este livro foi escrito. Esperamos que ele contribua para um melhor entendimento do que foi, é e – por que não? – pode vir a ser a nação brasileira.

POR QUE O BRASIL NÃO SE DIVIDE?

O atual território do Brasil se estende por aproximadamente 8,5 milhões de quilômetros quadrados. É o quinto maior do mundo, ficando atrás apenas de Rússia, Canadá, Estados Unidos e China. Sua enormidade física corresponde a diversos perfis de relevo, geologia, clima e biodiversidade. Nele há quatro fuso-horários, e um deslocamento aéreo ininterrupto entre seus extremos norte e sul levaria mais de quatro horas.

O Brasil também possui uma enorme diversidade humana. O censo do Instituto Brasileiro de Geografia e Estatística de 2022 indica uma população de 203 milhões e 100 mil habitantes. Dentre eles, encontram-se pessoas de caras, cores, tamanhos, sotaques e culturas de todo tipo, inclusive imigrantes internos e externos, distribuídas em 26 estados (mais o Distrito Federal), concentradas em 5.570 municípios ou esparramadas em zonas rurais. Do ponto de vista de sua gente, o Brasil é o sétimo país mais populoso do planeta, e sem dúvida um dos mais plurais.

No entanto, essa pluralidade não é, como bem sabemos, sinônimo de perfeita harmonia. Muito pelo contrário.

Introdução 9

O Brasil tem uma história violenta. Muito violenta. Escrevendo no já longínquo ano de 1974, o historiador Hernâni Donato nela identificou mais de 100 "conflitos que provocaram batalha".[1] Ao longo de sua existência como país independente, o Brasil participou diretamente de cinco guerras internacionais, de numerosas operações militares no exterior, e conheceu sangrentas guerras internas, iniciadas com as guerras de Independência (1822-1824) e continuadas em ocasiões como a Confederação do Equador (1824) e a Praieira (1848-1849), em Pernambuco; as genericamente chamadas Revoltas Regenciais, em várias províncias; a Revolução Federalista (1893-1895), no Rio Grande do Sul; a Guerra de Canudos (1896-1897), no sertão da Bahia; a Revolta da Vacina (1904), no Rio de Janeiro; e a Revolução Constitucionalista (1932), em São Paulo. Além de muitas revoltas de escravos e de militares, motins políticos e golpes de Estado.

Houve numerosos outros episódios de violência política e social aos quais os adjetivos "guerra", "revolta", "revolução" ou "motim" não caberiam bem, mas que também mataram muita gente. Por exemplo, a chacina de 255 pessoas no brigue Palhaço, no Pará (1823); as campanhas do cangaço no atual Nordeste (1870-1940); o extermínio de líderes religiosos na Bahia e no Ceará entre 1936 e 1938; o assassinato de centenas de militantes políticos durante nossas ditaduras (só entre 1964 e 1985 foram 434 mortos); a chacina de 111 detentos no Carandiru, em São Paulo (1992); o assassinato, também por forças policiais, de 8 crianças em frente à Igreja da Candelária, e de 21 moradores de Vigário Geral, no Rio de Janeiro (1993), e de 19 militantes pelo direito à terra em Eldorado de Carajás, no Pará (1996), além de muitos outros por motivos ambientais. Cabe lembrar, igualmente, os conflitos de policiais com milicianos, traficantes de drogas e outros contraventores, bem como entre facções rivais em presídios e penitenciárias, tão comuns e tão letais em muitas cidades do Brasil nos dias de hoje.

A violência no Brasil é histórica e atual. De acordo com o *Global Peace Index 2022*, que ranqueou 163 países segundo índices de paz interna e externa (sendo 1 o mais pacífico), o Brasil ocupava o posto de número 130, muito abaixo de países como Indonésia, Zâmbia, Bangladesh ou El Salvador, e só um pouco acima de outros como Eritreia, Índia e México. Não é de se espantar: no Brasil de 2022 foram registrados 41 mil assassinatos, número somente 1% menor do que no ano anterior. Segundo a ONG mexicana Consejo Ciudadano para la Seguridad Publica y la Justicia Penal, 10 das 50 cidades mais violentas do mundo são brasileiras.[2]

Esse cenário de violência endêmica vai ao encontro do perfil socioeconômico de nosso país, que continua a ser um dos mais desiguais de todo o mundo. Em 2021, os 10% dos brasileiros mais ricos ganhavam cerca de 59% da renda total do país, e o 1% mais rico concentrava cerca de 50% da renda patrimonial.[3] Potencializada por essa desigualdade que cria distâncias muitas vezes instransponíveis entre ricos e pobres, a violência no Brasil é generalizada, mas altamente seletiva: atinge principalmente pessoas pobres, e muito mais negros e pardos do que brancos. Homens são os mais assassinados, mas as taxas de feminicídio e de crimes contra pessoas LGBTQIA+ são elevadas, assim como de violência contra crianças e pessoas vulneráveis em geral. A exclusão política e econômica de populações indígenas e delas descendentes é notória, o racismo está em toda parte, enquanto diferenças religiosas, ideológicas e até mesmo esportivas são pretexto diário para agressões e assassinatos. Entre 2019 e 2022, o consumo privado legal e ilegal de armas disparou.

O mito do Brasil como um país pacífico começou a ser inventado há mais de dois séculos, e foi gerando derivações convergentes: uma Independência supostamente sem guerras, uma escravidão humanitária, a inexistência de guerras civis, ditaduras brandas e pouco violentas, exército e polícias pacificadoras. E por mais que as evidências contrárias a esse mito sigam se avolumando, ele continua de pé. A crença de que o brasileiro é um indivíduo por natureza afeito à conciliação e ao entendimento é enganosa. Mas ela oferece à nossa sociedade uma espécie de antídoto a algumas de suas mazelas mais doloridas. Uma confortável e prazerosa ilusão.

A toda essa violência que caracteriza o Brasil, podemos acrescentar uma percepção bastante comum de que somos um povo com pouca consciência cívica e de frouxos laços comunitários. Segundo essa visão, os brasileiros não teriam "patriotismo" ou "nacionalismo" (esclarecerei esses termos mais adiante). Seriam um povo desprovido de memória, ignorante, desinteressado, e que pouco se importaria com sua história. Muita gente considera a história do Brasil inferior em valores, personagens e acontecimentos quando comparada à de outros países. Há quem diga até mesmo que no Brasil não houve uma verdadeira independência, e que o país continuaria até hoje a ser uma colônia ou uma neocolônia. O Estado e suas instituições, agentes tradicionalmente encarregados de fomentar e aprimorar essa consciência cívica supostamente deficitária, seriam, no Brasil, instâncias ineficientes, corruptas, autoritárias, tomadas por interesses privados e pouco ou nada representativas da maioria da população.

Concordaremos com nosso caro leitor se ele protestar que tal quadro é apenas parcial, e não absoluto. De fato, esse quadro não caracteriza com exatidão tudo aquilo que é nosso país, nossa sociedade e nossa história. Mas se o leitor, munido de um mínimo senso de realidade, concordar que tal quadro traça alguns elementos verdadeiros acerca do Brasil e do que o brasileiro pensa de seu próprio país, isso já nos será suficiente. Pois daí podemos nos perguntar: se o Brasil é tão diverso em sua geografia física e humana, tão violento em sua história, tão brutalmente desigual em sua realidade atual, e ainda por cima com uma população que parece tão pouco atada a valores comuns, *por que o Brasil continua a ser um só país, ao invés de se fragmentar em vários?* Ou ainda: *por que, desde que ele se consolidou como um país, ele quase nunca conheceu movimentos consistentes de separação interna?*

A resposta a essa pergunta é o objetivo deste livro, e desde já podemos oferecer um indicativo dela. E quem desejar uma explicação mais aprofundada, fundamentada em dados e argumentos, basta seguir adiante com a leitura. Desde que começou a se constituir como um país independente, isto é, cerca de 200 anos atrás, *o Brasil jamais se fragmentou por causa da força coesiva que a nação brasileira mostrou desde seus primeiros momentos de existência, e que só cresceu ao longo do tempo, à medida que essa nação foi se consolidando.* Com frequência, estudiosos das coisas de nosso país se referem a fenômenos variados, ocorridos da segunda metade do século XIX em diante, como sendo de "construção", "criação", "definição" ou "invenção" da nação. Em nosso entender, porém, essas referências seriam mais exatas se falassem de *consolidação, variação* ou *disputa* da nação brasileira. Por volta de 1850, essa nação já estava disponível, consolidada e em pleno funcionamento, ao menos em seus contornos e conteúdos essenciais. Contornos e conteúdos que, desde então e até os dias de hoje, vêm sofrendo numerosas alterações parciais, jamais oposições frontais.

Oferecemos neste livro uma explicação das origens, da consolidação e de (algumas) variações de algo que podemos identificar objetivamente como resultado de um processo histórico concreto: a nação brasileira. Para começarmos a entender essa história, algumas definições iniciais são importantes.

O QUE É UMA NAÇÃO?

Como bem nos adverte um historiador dedicado ao tema José Carlos Chiaramonte, a definição de *nação* varia muito, e essa palavra pode ter diferentes significados ao longo da história. Uma nação não possui um referente fixo, um critério definidor absoluto. Por isso, melhor do que tentar defini-la com exatidão é examinar cada um dos casos em que ela foi utilizada. Benedict Anderson tratou *nação*, em primeiro lugar, como uma ideia com forte impacto prático, isto é, como uma "comunidade imaginada", mas sempre imaginada como limitada e não universal. Eric Hobsbawm propôs que nações não se encontram em todas as épocas, pois seriam fenômenos exclusivamente modernos, e Ernest Gellner destacou sua relação com o desenvolvimento de processos econômicos, principalmente de industrialização; já Anthony D. Smith foi mais flexível em termos de periodização de sua existência. Muitos e muitos outros autores agregaram aspectos a essa discussão, tais como o papel desempenhado por línguas, guerras, sentimentos religiosos, símbolos, mitos, tradições, etnias, questões de gênero, determinações geográficas, letramento/analfabetismo, formação de impérios e processos de descolonização. E ninguém ignorou a importância, para a existência das nações, de Estados e outras formas de organização política.[4]

Em meio a esse vasto campo de possibilidades, podemos adotar uma definição didática e apenas preliminar de *nação*, já tendo em nosso radar a brasileira, que é a que mais nos interessa aqui. Essa definição sofrerá modificações a depender de cada caso a ser estudado, mas ela pode estimular a que nosso leitor pense a nação brasileira não de maneira isolada e única, o que seria um equívoco; mas a partir de semelhanças, diferenças e aproximações com outras nações. Vamos lá.

A nação é *uma ideia*. Mas uma ideia de enormes implicações concretas. É uma ideia que concebe ou mesmo possibilita a existência de um grupo de pessoas que, por vários motivos, se sentem pertencentes a esse grupo, ao mesmo tempo que faz com que outras pessoas se sintam dele excluídas porque são parte de outros grupos equivalentes. Assim, a nação se torna também *uma comunidade* de interesses e de laços afetivos e simbólicos. Nações são tanto inclusivas quanto excludentes e criam para si mesmas uma imagem de diferença, de singularidade (eventualmente, de superioridade) em relação às demais. Mas todas dependem umas das outras, em um jogo permanente de reciprocidades: a concepção e a existência de uma nação se baseiam, por alteridade, em outras nações.

Ao ser imaginada, uma nação pode ser concretamente implementada, ou continuar a ser apenas uma aspiração – isto é, um projeto de realização futura. Em ambas as situações, porém, uma nação deve ser razoavelmente grande e duradoura: não pode ser um grupo de meia dúzia de pessoas que se reúne aleatoriamente de vez em quando ou que resolve inventar-se do nada. Por ser grande e duradoura, ela deve ser capaz de interagir não só com outras nações ao seu redor, mas também com comunidades menores em seu interior (etnias, religiões, estratos sociais diversificados etc.). Isso a torna razoavelmente heterogênea, análoga a um "mosaico", na expressão de István Jancsó, mas capaz de se reproduzir e se perpetuar justamente por acomodar tais comunidades menores em torno de uma maior.[5] Um erro muito comum no estudo das nações é pensá-las como se elas devessem incluir todo mundo que quisesse fazer parte delas. Nunca foi assim. Uma nação inclui certas diferenças e divergências, ao mesmo tempo que exclui outras.

Até aqui, poderíamos identificar nações como comunidades pensadas e concretizadas em diferentes períodos da história. Mas foi nos últimos duzentos e poucos anos que elas começaram a adquirir outra característica: sua qualidade de *soberanas*. Antes disso, no mundo ocidental, a soberania dos povos – isto é, o direito de definir seus próprios rumos, sem a intervenção de outros povos – costumava ser exercida por reis e imperadores. Entre fins do século XVIII e começos do XIX, com o crescente questionamento à autoridade real, novas nações então surgidas foram se tornando comunidades soberanas no sentido de serem um conjunto de pessoas a escolherem e controlarem, juntas, ao menos em tese, seus próprios representantes. A nação passou a ser um contrato, e não mais uma condição natural; ou então uma herança dos antepassados a ser respeitada.[6] Nessas novas modalidades, se uma pessoa já nasce em uma nação, a princípio ela pode escolher outra, pode trocar de nação. Muitas das formas mais antigas de associação entre nações e organizações políticas deram então lugar a uma nova forma dominante: as nações passaram a existir em certos territórios fixos, e em relação direta com Estados; estes, por sua vez, fundamentados em instâncias de representação da sociedade escolhidas e legitimadas pela própria sociedade. Tais Estados, então, passaram a ser *Estados nacionais*.

Uma confusão muito frequente associa pura e simplesmente *nações* a *países*. O Brasil é uma nação? A China, o Uruguai, a Nigéria, a Suécia são nações? Não exatamente. Todos esses países *possuem* nações a eles correspondentes; mas eles são, em uma definição básica, lugares que por seu turno possuem outras coisas além de uma nação: características geográficas, instituições privadas, costumes e até mesmo indivíduos que os habitam sem necessariamente fazerem parte das nações correspondentes a tais países. Há mesmo países que possuem mais de uma nação, governados por Estados que as reconhecem oficialmente, como a Espanha com bascos e catalães, a Bolívia e suas populações indígenas, ou o Canadá com os quebequenses. E há países que não reconhecem certas nações em seu interior, como a Turquia e o Iraque com os curdos, e Mianmar com os rohingya.

Outra confusão: uma nação não tem um caráter, uma índole, uma personalidade. Ela não é naturalmente "boa", "má", "civilizada", "bárbara", "disciplinada", "extrovertida", "bonita", "hostil", "alegre", "atrasada", "competente" ou "desonesta". Não existe uma nação melhor ou pior do que a outra. Ela não pode ser tomada como simples mimetismo de um indivíduo. Uma nação é um grupo heterogêneo de pessoas que decide ou acredita possuir alguns laços em comum, laços estes suficientes para que, a despeito de suas muitas diferenças, tais pessoas pensem e pratiquem a existência dessa comunidade. Na divertida e verdadeira síntese do historiador Stefan Berger, "uma nação é um grupo de pessoas unidas por um erro comum acerca de sua ancestralidade, e por uma comum antipatia por seus vizinhos".[7] Estereótipos ligados a nações sempre foram muito comuns, e até certo ponto se justificam quando se têm delas um conhecimento enviesado e superficial, como ocorre no mundo de hoje com muitos turistas (principalmente quando munidos de celulares conectados à internet). Mas estereótipos não podem ser levados a sério como formas de compreensão das nações.

Mais uma confusão: tomar *nação* como sinônimo de *nacionalidade*, *identidade nacional*, *nacionalismo* ou *patriotismo*.

Embora sejam coisas próximas, todas derivadas da nação, são diferentes entre si. Sendo a nação uma comunidade projetada ou implementada, a *nacionalidade* nada mais é do que um reconhecimento formal, oficial (por exemplo, em um documento), de que alguém faz parte de uma nação. E como já dissemos, muitas nações permitem que pessoas troquem de nacionalidade. Já a *identidade nacional* é um sentimento, que pode manifestar-se de muitas formas, que uma pessoa tem de pertencer a tal comunidade, seja esse pertencimento formal ou não, seja ele do agrado dessa pessoa ou não. Um indivíduo em sociedade sempre tem várias identidades que se mesclam (etárias, familiares, culturais, políticas, institucionais, eventualmente religiosas, de gênero, esportivas etc.), sendo a nacional uma delas, por vezes a mais abrangente e duradoura. E para que uma identidade nacional exista não é necessário que esse indivíduo esteja sempre nela pensando ou dela fazendo uso: basta que ela esteja disponível, pronta para quando for necessário.

O *nacionalismo* é uma mobilização organizada e sistemática de algumas características da nação e da identidade nacional, em defesa delas, quando sua consolidação, existência ou valores encontram-se supostamente em risco. Quase sempre os nacionalismos são instrumentos retóricos e oportunistas, usados por grupos específicos que simplesmente inventam ameaças e inimigos internos e externos para, sob o disfarce do amor a uma nação, obter fins pontuais e restritos, tais como vantagens econômicas ou poder político. Nacionalismos podem ser mais étnicos ou cívicos, mais elitistas ou populares. Podem ser inofensivos, mas também podem levar a formas de preconceito, exclusão social e racial, guerras e genocídios; nesses casos, costumam se associar com a xenofobia, que é o medo e/ou o ódio ao estrangeiro. Finalmente, o *patriotismo* se confunde com o nacionalismo, mas tende a ser menos

Formação da nação brasileira

agressivo na identificação dos valores a serem defendidos e combatidos: ele é um orgulho abertamente manifesto de pertencimento a um determinado lugar de nascimento, de moradia ou de atuação, seja esse um lugar específico dentro da nação, ou a própria nação.[8]

Repitamos: todas essas definições são apenas didáticas e preliminares. As nações e seus derivados não são coisas naturais nem imutáveis. Um dia elas começaram a ser criadas, e por mais artificiais e impositivas que tenham sido em seus primeiros momentos, passaram a gozar de aceitação e prestígio por parte das pessoas nelas envolvidas. Também enfrentam constante desconfiança e rejeição, pois seu caráter parcialmente impositivo é uma marca inescapável de autoritarismo e violência, características acentuadas por sua associação a Estados, também eles sempre, de alguma maneira, coercitivos. As nações estão em permanente modificação, sempre de acordo com as condições concretas da vida humana comunitária que é sua prioridade. E é por estarem sempre mudando que as nações só podem ser plenamente definidas e compreendidas por meio da história.

É isso que este livro traz ao leitor: um olhar sobre o que foi e ainda é a nação brasileira, tomada em algumas de suas características principais desde seu nascimento até os dias atuais. Antes de encerrarmos esta introdução, porém, podemos definir, também didática e preliminarmente, essa nação brasileira.

E A NAÇÃO BRASILEIRA?

Existe uma forte tradição intelectual que entende que, no Brasil, quase tudo de importante é mais ou menos incompleto. Antes mesmo de o Brasil ser brasileiro, em 1627, frei Vicente do Salvador escreveu sobre sua terra que "até agora não houve quem a andasse por negligência dos portugueses, que, sendo grandes conquistadores de terras, não se aproveitam delas, contentando-se de as andar arranhando ao longo do mar como caranguejos".[9] As políticas do Reformismo Ilustrado que Portugal desenvolveu em suas colônias no século XVIII associaram o Brasil a fortes esperanças de realização futura e forneceram uma base católica e monárquica para o surgimento posterior de um pensamento político brasileiro. Após 1822, esse Brasil supostamente pela metade persistiu. Segundo essa forma de ver, nossa independência, instituições, liberdades, direitos e valores coletivos ainda aguardariam um momento de realização em um desconhecido futuro. Um futuro que, uma vez atingido, seria responsável por "terminar" um Brasil capenga iniciado pela colonização europeia, pelo saque imposto às populações originárias, pela escravidão e pelo latifúndio monocultor, e que teria sido parcialmente reeditado por uma república oligárquica e pela incorporação subordinada de nosso país a um sistema internacional a ele sempre desvantajoso. Em uma versão alternativa e positiva, esse futuro mostraria um Brasil vocacionado por Deus e pela natureza a ser gigante, próspero e poderoso, apenas um pouco atrasado quanto à sua missão final.

Escritores como Machado de Assis (1839-1908), Euclides da Cunha (1866-1909), Lima Barreto (1881-1922) e João Ubaldo Ribeiro (1941-2014), junto a analistas sociais como José Bonifácio (1763-1838), Joaquim Nabuco (1849-1910), Alberto Torres (1865-1917), Manuel Bomfim (1868-1932), Gilberto Freyre (1900-1987), Sérgio Buarque de Holanda (1902-1982), Caio Prado Júnior (1907-1990), Nelson Werneck Sodré (1911-1999), Abdias do Nascimento (1914-2011), Florestan Fernandes (1920-1995), Darcy Ribeiro (1922-1997), Raymundo Faoro (1925-2003) e Emília Viotti da Costa (1928-2017) elaboraram, cada um à sua maneira, diferentes interpretações do Brasil marcadas pelas ideias de incompletude ou atraso, denunciando o incômodo peso de um passado que impediria o país de se realizar plenamente. Muitos intérpretes estrangeiros do Brasil seguiram pela mesma linha.

As obras desses autores seguem sendo muito importantes para entendermos o que foi e ainda é o nosso país. Algumas delas nos serviram de base para a elaboração deste livro, inclusive quanto ao significado do termo *formação* presente em seu título: o de um processo que, iniciado no passado, ainda se faz, de algum modo – como variação – atuante no presente. No entanto, as ideias de incompletude e atraso do Brasil, centrais a tais autores, não funcionam bem para entendermos, especificamente, a história de sua nação. Aliás, em muitos casos, essas ideias estimularam a distorção analítica que vê fenômenos que em realidade são de consolidação ou de variação da nação como se fossem de sua própria e jamais terminada criação. Como fenômeno histórico concreto e objetivo, seja como ideia ou comunidade real, *a nação brasileira foi e continua a ser uma poderosa força estabilizadora, capaz de manter em união mais ou menos funcional uma gigantesca diversidade social altamente conflitiva.* Pode-se dizer que, até o momento, como projeto social e a despeito de suas ambiguidades, fraquezas e muitas promessas não cumpridas, essa nação tem sido uma entidade muito bem-sucedida.

O que não significa, de modo algum, que esse projeto social tenha se mantido intocado ao longo de sua existência. Nem que ele seja um projeto igualmente benéfico a todos os brasileiros que, querendo ou não, dele fizeram ou ainda fazem parte. Tampouco significa que todos os brasileiros tenham pensado a nação do mesmo jeito, a partir dos mesmos interesses e com os mesmos propósitos, ou que nela tenham pensado o tempo todo. Nada disso. A história da nação brasileira é e continua a ser uma história de divergências, conflitos, enfrentamentos, lembranças e esquecimentos. Uma história dramaticamente violenta, e ainda em aberto. Mas não incompleta ou atrasada. O que torna essa nação um fenômeno ainda mais intrigante: como ela pode ser, ao mesmo tempo, um elemento de disputa e um elemento de coesão social? Como ela pode fomentar tantos embates e, simultaneamente, se fortalecer como dispositivo de atenuação desses mesmos embates?

Algum leitor poderia nos dizer: isso ocorre porque a nação é uma construção ideológica, no sentido de uma ideia criada por poucos e que atende a interesses socialmente localizados e limitados, mas que desempenha a função persuasiva e ilusória de convencer a todos que ela lhes diz respeito. Não seria, de todo, uma má resposta. No entanto, ela consideraria a nação apenas como uma ideia, coisa que ela não é (a partir de uma ideia, ela pode se tornar também uma comunidade concreta). Tal resposta também ignoraria o fato evidente de que, seja como comunidade ou como ideia, desde sua origem a nação brasileira jamais foi fenômeno confinado, e até hoje ela se espraia e aproxima diferentes camadas sociais e lugares do Brasil. O que, aliás, ajuda a explicar parte das disputas em torno dela.

A rigor, a história da nação brasileira começa em princípios do século XIX, embora carregue marcas da época da colonização portuguesa da América e das relações sociais entre europeus, povos originários, populações africanas e estrangeiros de outras partes do mundo. Mas não havia nenhuma "nação brasileira" antes da Independência, tampouco existiam "brasileiros" no sentido que hoje damos a essa palavra. Como mostraremos nos próximos capítulos, a nação brasileira foi sendo construída a partir da Independência, tendo por base os crescentes antagonismos políticos que foram diferenciando, dentro do Império Português, interesses cada vez mais chamados de "portugueses" e "brasileiros". Essa separação política se beneficiou de fenômenos que vinham ocorrendo desde fins do século XVIII na identidade nacional portuguesa, e que envolviam moradores do Brasil, também chamados de "portugueses americanos" (expressão que tinha muitas variações em cada capitania). A Independência do Brasil, formalizada em 1822, criou as condições para que simples antagonismos políticos se convertessem em antagonismos nacionais, isto é, referidos a comunidades que não mais se reconheceriam sob a mesma identidade portuguesa, porque teriam expectativas políticas distintas. Essa é uma das marcas revolucionárias da Independência.[10] Essa fratura na identidade nacional portuguesa, responsável pela criação de uma identidade brasileira de início ainda mal definida, logo ganharia impulso com a exclusão, para além dos portugueses e demais estrangeiros, de outros dois elementos: os escravos do Brasil e parte de suas populações indígenas.

Em princípios do século XIX, o continente americano foi um grande laboratório para o surgimento de nações. A nação brasileira, que muita gente ainda considera incompleta ou inexistente, já era uma nação consolidada antes das nações alemã, americana (dos Estados Unidos da América), argentina, italiana ou turca, por exemplo. Em seus primeiros anos de existência, ela foi definindo critérios de inclusão, instituições e formas de representação, assim como um território, símbolos, festividades, regras de cidadania e ideias de um passado comum. Mas também foi definindo seus critérios de exclusão, com os típicos contornos de violência política e social que a acompanhariam desde então.

A ideia central deste livro é defendida por meio de informações e argumentos simplesmente alinhados às regras de uma análise histórica, e não por sentimentos pessoais de seu autor em relação ao fenômeno que estuda. Não custa retomar essa ideia: desde suas origens até os dias de hoje, a nação brasileira tem demonstrado uma notável capacidade de se perpetuar como uma das estruturas essenciais da existência de nosso país. Em meio a permanentes e dramáticas desavenças, conflitos e violências, versões alternativas dessa nação foram e continuam a ser pensadas, projetadas e parcialmente implementadas. Há versões até mesmo antagônicas, que pautam diariamente nossa vida coletiva em muitos de seus cantos. Todas elas, porém, quase sempre concordaram: *são formas brasileiras de pensar e viver a nação, que se referem invariavelmente a brasileiros e suas distintas possibilidades, e não a outra identidade nacional.*

Salta aos nossos olhos o fato de que, em pouco mais de 200 anos, quase ninguém propôs ou tentou seriamente uma ruptura com a "brasilidade" dessa nação, criando, a partir dela e contra ela, uma nação *não brasileira*. É verdade que sempre houve em nosso país manifestações residuais de separatismo (hoje em dia acolhidas por caóticos e desregrados fóruns de redes sociais). Mas o único caso realmente digno de nota que conhecemos – a Revolução Farroupilha – é uma já longínqua exceção à regra que será analisada no capítulo "Consolidação". Nesse sentido, o Brasil atual difere de Canadá, Espanha, Bélgica, Reino Unido, Macedônia, Argélia, Líbia, África do Sul, Síria, Ucrânia, Índia, China, Indonésia e muitos outros países, todos eles muito mais propícios ao surgimento de separatismos nacionais.

A força da nação não significa que, o tempo todo, o brasileiro se sinta brasileiro, ou aja deliberadamente como tal.

Como toda e qualquer identidade nacional, a brasileira serve melhor algumas vezes do que outras. E mesmo que ela não seja pensada e utilizada constantemente, sua atuação é regular e segura: em muitas ocasiões, ela desempenha um papel inescapável. Por exemplo, quando um brasileiro se depara com um estrangeiro ou quando viaja a outro país. Ou quando os brasileiros são obrigados a seguir as leis vigentes em seu território. Ou ainda, quando pais registram seus filhos e a eles atribuem, sem qualquer possibilidade de escolha, a nacionalidade brasileira (trocar de nome é mais fácil do que trocar de nacionalidade).

Estará correto quem observar que é mais frequente um brasileiro agir de acordo com um sentimento de pertencimento a uma religião ou declarar sua lealdade a "Deus" ou a "Jesus Cristo", por exemplo, do que "à nação". Convém notar, porém, que religiões e nações não são fenômenos excludentes. Pelo contrário! Há muitos casos em que sentimentos nacionais são estimulados por motivos religiosos, enquanto em outros o culto à nação se transforma em uma espécie de religião secular. No Brasil, um dos países mais religiosos do mundo, a morfologia da devoção sagrada – crença em entidades sobrenaturais, observação de liturgias, obediência a hierarquias – é uma poderosa aliada de ideias e práticas relacionadas à nação. Afinal, a exemplo de uma divindade, a nação também é uma invenção humana, uma ideia abstrata que, para se concretizar, necessita de algum tipo de fé.[11]

No final do século XX, muita gente anunciou o declínio das nações como entidades capazes de pautar a ação humana. Os prognósticos mais radicais nessa direção quase nunca se verificaram. A globalização, que conhece seu ápice nos dias de hoje, continua a oferecer novos pretextos para a crença em nações, para a submissão a elas e para a prática de suas derivações – nacionalidades, identidades nacionais, nacionalismos, patriotismos, xenofobia. No caso do Brasil, a atual força da nação continua a se valer de seus componentes de autoritarismo, exclusão social e violência coletiva generalizada. Mas não só. Há quem acredite genuinamente que nossa nação é um valor indispensável a uma vida comunitária pautada por uma diversidade social democrática e tolerante, sem a qual o indivíduo, por si só, não sobrevive. E há quem acredite que essa é a imagem pela qual nossa nação deve ser apresentada no exterior.

Em sua diversidade, bem como em sua força, estabilidade e capacidade de absorver solavancos e golpes, a nação brasileira se assemelha a muitas outras do mundo atual. Sem dúvida. No entanto, cada uma deve isso à sua própria história. Por isso, cada história dessas nações merece ser contada, inclusive para que se entenda o que é, a partir do passado de cada país, o seu presente, e o que pode ser seu futuro.

Passemos, então, a contar uma dessas histórias, a da nação brasileira, parte da história do Brasil e do mundo.

Origens

"BRASIL" E "BRASILEIROS"

A Europa medieval desconhecia por completo a existência da enorme extensão de terra a que hoje chamamos de continente americano. Ela inventava, porém, lugares míticos e misteriosos que, um dia, poderiam ser revelados aos homens por vontade divina. Nesse contexto, *Brasil* não era ainda um lugar real, mas um nome que se confundia com muitos outros: *Bacil, Bersill, Berzi, Berzil, Bracil, Braçil, Bracill, Bracir, Brasill, Braxil, Braxili, Brazi, Brazie, Brazil, Brazille, Brazir, Breasail, Brisilge, Buzille, Hi-Brazil, O'Brassil* (espero não ter enlouquecido o leitor com essa lista). Esse lugar desconhecido, mal nomeado e mal localizado, talvez fosse uma ou várias ilhas no oceano Atlântico entre a Irlanda e os Açores, na África, ou em algum lugar do distante oriente. Ou poderia sequer existir.

Não que os europeus estivessem, no alvorecer do século XVI, procurando desesperadamente por esse tal de *Brasil*. Ao se expandirem pelos mares, seus objetivos eram mais concretos e seguros: metais preciosos e lucros comerciais, devidamente mesclados com boas doses de expansão da fé cristã, bem ao espírito das antigas Cruzadas. Em suas cabeças, carregavam imagens de lugares estranhos, paradisíacos ou infernais, cheios de riquezas, povoados por monstros, mulheres nuas e animais exóticos. O Brasil poderia ser um desses lugares.

Ao começarem a explorar as terras recém-descobertas (descobertas no sentido europeu, claro), os portugueses logo mobilizaram a antiga palavra *Brasil* para identificar partes do novo continente com aquilo que ele mais imediatamente lhes oferecia em termos comerciais: uma árvore da qual se extraía um corante, adequado para a tintura de tecidos e desejado por mercados da Europa do norte. De cor avermelhada, semelhante a uma brasa, esse corante batizou a árvore, que batizou o lugar: *pau-brasil, Brasil*.

Desde cedo, porém, houve nomes concorrentes: *Pindorama, Terra dos Papagaios, Terra de Gonçalo Coelho, Novo Mundo, Índia Ocidental, Vera-Cruz, Santa Cruz*. Estes dois últimos eram adequados aos fundamentos cristãos da expansão portuguesa, enquanto *Brasil*, por associação ao fogo, poderia soar excessivamente infernal. Não raro, as referências se mesclavam, como no caso de uma menção à *terra de Santa Cruz do Brasil e de Portugal* registrada em 1527. Porém, quando a colonização portuguesa começou a deslanchar, com a criação em 1548 do Governo-Geral, o nome *Brasil* foi reforçado, com o início de funcionamento, no ano seguinte, de uma entidade política chamada *Estado do Brasil*.[12]

Isso não fez com que as terras portuguesas do continente americano passassem a ser chamadas sempre do mesmo modo. *Brasil* podia ser usado no singular ou no plural, e conviver com referências mais genéricas, como *América portuguesa*. Em 1621, a administração metropolitana reagrupou seus domínios americanos e, desmembrando o Estado do Brasil, criou, mais ao norte, o Estado do Maranhão e Grão-Pará, sediado em São Luís (nas situações em que a capital foi transferida a Belém, o Estado passou a se chamar Estado do Grão-Pará e Maranhão). Em 1763, o Estado do Brasil passou a se chamar *Vice-Reino do Brasil*, com capital no Rio de Janeiro, e em 1774 a ele foi reunido o Estado do norte. Quando a Corte portuguesa aqui chegou, em 1808, o nome *Brasil* já era dominante, e por ele seria batizado o *Reino do Brasil*, criado em 1815 e integrado ao Reino Unido de Portugal, Brasil e Algarves, nova designação oficial do Império Português.

Durante os anos em que o Brasil foi colônia de Portugal e em meio a todas essas variações, a palavra *Brasil* jamais identificou um grupo específico de pessoas. Tampouco criou uma comunidade de *brasileiros*.

No primeiro dicionário da língua portuguesa, o *Vocabulário português e latino* (1712-1721), do padre Rafael Bluteau, a palavra *brasileiro* simplesmente não existe. Nessa época, e por um bom tempo depois, ninguém no mundo a utilizava corriqueiramente. Havia outras palavras que podiam ser usadas para se referir a pessoas que nasciam ou moravam no Brasil (fossem portuguesas, indígenas, africanas ou estrangeiras de outras partes), mas elas mais dividiam do que agrupavam. Muitas vezes eram identificações aplicadas a terceiros, inclusive como estigma, e não identidades autoatribuídas. No mundo colonial, ser-ou-não-ser dependia de fatores como cor de pele, ascendência familiar, lugar de nascimento, condição de livre ou cativa, serviços prestados ao rei, demais posições na hierarquia social etc.[13] Uma dessas palavras de identificação era *brasílico*. Outra, bastante em voga em começos do século XIX, era *brasiliense*. Em 1822, poucos meses antes da formalização da Independência do Brasil, o editor do jornal *Correio Brasiliense*, escrevendo contra as turbulências políticas que ameaçavam separar os portugueses da Europa dos portugueses da América, chamava a estes de *brasilienses*, e esclarecia que *brasileiros* eram simplesmente pessoas que iam ao Brasil comercializar seus produtos. E, se ele se preocupou em explicá-lo, é porque nenhuma dessas palavras tinha um significado evidente.

BRASILIENSE, BRASÍLICO, BRASILEIRO

"Tínhamos até aqui olhado para esta questão da união de Portugal com o Brasil como aquela de suma utilidade para ambos os países e, outrossim, na suposição de que, sendo o Brasil tão superior a Portugal em recursos de toda a natureza, a objeção para a continuação desta união provinha de algumas pessoas inconsideradas no Brasil que desejavam a separação dos dois países, antes que ela devesse ter lugar pela ordem ordinária das coisas. Nesta suposição, recomendando a união, temos sempre dirigido nossos argumentos aos brasilienses, não nos ocorrendo sequer a possibilidade que nos portugueses europeus pudessem existir essas ideias de desunião; porque a utilidade deles, na união dos dois países, era da primeira evidência.

"Mas infelizmente achamos que as coisas vão muito contrário, e que é entre os portugueses e alguns brasileiros, e não entre os brasilienses (nota: Chamamos Brasiliense, o natural do Brasil; Brasileiro, o português europeu ou o estrangeiro que lá vai negociar ou estabelecer-se; seguindo o gênio da língua portuguesa, na qual a terminação *eiro* denota a ocupação; exemplo sapateiro o que faz sapato; ferreiro o que trabalha em ferro; cerieiro o que trabalha em cera; brasileiro o que negocia em brasis ou gêneros do Brasil, etc.; por outra parte o natural da Bahia, bahiense e não bahieiro. A terminação em *ano* também serviria para isto; como por exemplo de Pernambuco, pernambucano; e assim poderíamos dizer brasiliano; mas por via de distinção, desde que começamos a escrever este Periódico, limitamos o derivado brasiliano, para os indígenas do país, usando do outro brasiliense, para os estrangeiros e seus descendentes ali nascidos ou estabelecidos; e atuais possuidores do país), que se fomenta e se adotam medidas para essa separação, que temos julgado imprudente, por ser intempestiva; e que temos combatido, na suposição de que os portugueses europeus nos ajudariam em nossos esforços, para impedir, ao menos por algum tempo, essa cisão."

(Fonte: *Correio Brasiliense* n.165, Londres, 02/1822.)

Foi somente em 1831 que a palavra *brasileiro* surgiu em dicionários, em dois deles: na quarta edição do *Dicionário da língua portuguesa*, de Antônio de Moraes Silva, e na terceira edição do *Novo dicionário da língua portuguesa*, de José da Fonseca. Em ambos, a palavra fez sua estreia já com um daqueles sentidos incontestáveis fadados a nos encontrar dois séculos depois: *brasileiro* seria, desde então, o natural ou oriundo do Brasil. Mas era também o filho de brasileiros, bem como aqueles antigos portugueses que, a despeito de seu lugar de nascimento, tinham de alguma forma apoiado a Independência e a criação do Império do Brasil.[14]

Em tempos coloniais, os brasileiros não existiam. Tampouco em 1808 ou 1815. Mas em 1831 eles já estavam lá, nas páginas de dicionários. Também em leis, em textos políticos, nas ruas e nas casas. Existiam não apenas como uma palavra, mas como gente de carne e osso – a maioria era analfabeta – que vivia e atuava em um mundo em grande transformação. O que explica esse surgimento? O que explica que pessoas muito diferentes entre si, com características e interesses dos mais variados, tenham começado a se enxergar como *brasileiros* e passado a viver assim, em sucessivas gerações, até os dias de hoje?

A resposta é: o surgimento de uma nova comunidade social, chamada nação brasileira. Mas como surgiu essa nação? Como foram seus primeiros momentos, suas primeiras feições? Para entender esse surgimento é necessário observar algumas das características dos próprios processos de colonização e de Independência, quando essa nação ainda não existia.

IDENTIDADES COLONIAIS

Parte integrante do Império Português, o Brasil colonial nunca foi uma unidade perfeita. No século XVI, ele era pouco mais que uma somatória de territórios esparramados pelo continente americano, quase todos costeiros, com escassa ou nula comunicação entre si. No século XVII, as guerras movidas pelos portugueses contra populações indígenas do interior, a expansão da economia da pecuária e a exploração das chamadas "drogas do sertão" promoveram uma relativa interiorização do povoamento; mas o Brasil continuou, basicamente, concentrado em uma faixa litorânea. Mesmo quando, no século seguinte, a descoberta de minas de ouro em Minas Gerais (c.1693), Mato Grosso (1719), Bahia (1720) e Goiás

(1722) aprofundou essa interiorização e finalmente conectou regiões por toda a América portuguesa, a integração entre algumas delas continuou muito débil. A despeito da existência de setores econômicos voltados ao abastecimento interno do Brasil, e de gente que enriquecia na própria colônia, a lógica essencial da colonização sempre foi de externalidade. Isto é, o Brasil só fazia sentido como parte de um grande conjunto de territórios portugueses espalhados pelo mundo, e que gravitavam politicamente em torno da monarquia e de sua sede em Lisboa. Além de suas ligações com o continente europeu, o Brasil tinha uma conexão complementar e essencial com a África ocidental – a partir do século XVIII também a oriental – por meio do tráfico de escravos.

No plano identitário, o Império Português conhecia uma enorme diversidade de identidades coletivas. Entre 1580 e 1640, uma dessas identidades podia até mesmo ser "português" e "espanhol" simultaneamente, uma vez que nesse período os domínios de Portugal foram incorporados aos domínios espanhóis durante a chamada União Ibérica. Após 1640, a identidade portuguesa significava uma pessoa ser súdita do rei de Portugal, católica, trabalhar para a grandeza da monarquia dos Bragança e ter nascido em um dos domínios portugueses, preferencialmente de pais também portugueses. Tudo isso junto. A *nação portuguesa*, assim era uma comunidade unida por laços dinásticos e territoriais. Embora essa nação fosse tão artificial quanto qualquer outra, sua autoimagem dizia outra coisa: a pessoa fora posta no mundo já nessa comunidade natural, parcialmente divina e transcendente ao indivíduo, o que impunha que este a servisse qualquer que fosse sua posição social – excetuando-se escravos, indígenas não assimilados e estrangeiros. O centro da nação, portanto, não era o indivíduo em si, mas o rei.

Se a pessoa era súdita do rei de Portugal, para além de variações específicas em sua identidade, ela era *portuguesa*. É por isso que nas fontes que nos servem de estudo ao tema aparecem mais manifestações de pertencimento comunitário ligadas ao rei do que à nação propriamente dita. Pois a nação pressupunha a centralidade do rei, bem como lealdade e serviço a ele. A colonização do Brasil multiplicou as variedades dessa identidade portuguesa, introduzindo novos pretextos de lealdade e serviço. Por exemplo, com o trabalho missionário de conversão ao cristianismo de povos indígenas considerados dignos de salvação; com as guerras movidas contra aqueles outros que, por serem tomados como simples selvagens, eram combatidos e exterminados; com as campanhas de destruição de quilombos de escravos fugitivos; ou ainda com a defesa do território contra invasões estrangeiras. Se acrescentarmos a essas tarefas, típicas de um leal súdito do rei de Portugal em terras coloniais do Brasil, as diferentes possibilidades de lugar de nascimento, entenderemos identidades coletivas como *pernambucano*, *paulista*, *bahinense* (natural da Bahia), *filho das Minas* (natural de Minas Gerais), *brasílico*, *americano* ou *brasiliense*. Todas elas eram formas de ser português.

No capítulo "Excluídos e incluídos da nação", abordaremos especificamente a questão dos povos indígenas e afrodescendentes na história da nação brasileira, de suas identidades e dos estigmas por eles carregados desde os anos de colonização. Por ora, podemos adiantar que os portugueses reconheciam *nações* entre indígenas e africanos, o que evocava o antigo sentido romano de *natio*, isto é, um grupo, espécie ou casta de pessoas estrangeiras oriundas de um mesmo lugar.[15] No Império Português, caso um indígena se submetesse em alguma medida ao processo de assimilação promovido pelos colonizadores (do qual a imposição do cristianismo era o elemento central), ou um escravo deixasse essa condição (por meio de uma alforria), ambos poderiam se tornar súditos do rei de Portugal. Com isso se converteriam, também eles, em *portugueses*, e passariam a integrar uma outra nação, a nação portuguesa.

Uma história abrangente e aprofundada das variações e das dinâmicas da identidade portuguesa no Brasil colonial ainda precisa ser escrita. Mas pelos estudos já disponíveis, sabemos com segurança que, embora essas identidades comumente expressassem tensões, conflitos sociais, exclusões e violências, nenhuma delas jamais bateu de frente com a identidade portuguesa e com a lealdade ao rei de Portugal que ela pressupunha. Pelo menos até os últimos anos do século XVIII.

Essa situação começou a mudar no contexto do surgimento de novas formas de pensar a organização política das sociedades, típicas do mundo ocidental daquela época. O Império Português e, no seu interior, o Brasil, fizeram parte desse contexto. A independência das colônias britânicas da América do Norte, desde 1776, a Revolução Francesa, a partir de 1789, e as convulsões políticas e raciais nas colônias francesas do Caribe e que desembocaram da Independência do Haiti em 1804 são os mais destacados dos movimentos iniciais que formariam aquilo que muitos historiadores chamam de "Era das Revoluções". Esses movimentos não tinham uma agenda em comum, tampouco caminhavam em uma única direção. Mas todos eles, cada um à sua maneira, começaram com tensões entre grupos sociais, foram corrompendo a autoatribuída naturalidade dos impérios e das antigas nações, e introduziram novas ideias e práticas sobre a soberania e a representação dos povos, bem como da relação destes com Estados, nações e regimes políticos. Por isso, esses movimentos também contribuíram para o surgimento de novas formas de identidades coletivas.

A contestação política sempre existiu nos domínios portugueses da América. Motivada por circunstâncias mais ou menos comuns daquela época, como crises de abastecimento de alimentos, atrasos em pagamentos de soldos militares, conflitos entre autoridades metropolitanas e autoridades locais, falta de mão de obra, cobranças atrasadas ou excessivas de impostos e instabilidades provocadas por invasões estrangeiras, a contestação política sempre foi presente. E violenta. No entanto, ela jamais se direcionava frontalmente contra a autoridade máxima do império. O rei e o sistema monárquico nunca foram o foco dos conflitos no mundo colonial. Essa situação só começou a mudar em finais do século XVIII, principalmente em duas ocasiões: a Inconfidência Mineira, tramada entre 1788 e 1789, e a Inconfidência Baiana, iniciada e rapidamente reprimida em 1798.

Nenhuma dessas contestações foi movida por um sentimento *brasileiro*, tampouco projetou a independência de todos os territórios portugueses da América. Seus participantes foram movidos por insatisfações mais ou menos localizadas e corriqueiras, mas naquele contexto geral de transformações políticas viram-se motivados a expressar identidades coletivas que, se não rompiam total ou claramente com a nação portuguesa e restringiam seu alcance a suas respectivas capitanias, aprofundaram sentimentos de diferenciação dentro daquela nação. Os revoltosos de Minas Gerais associaram identidades como *filhos das Minas, americanos, filhos da América* a uma ideia, ainda mal definida, de república, palavra que podia carregar o simples e tradicional sentido de governo da população, mas também o de um sistema de governo novo e incompatível com a monarquia.

No caso da Bahia, os envolvidos na conspiração – em geral, pessoas mais pobres e mais negras do que os revoltosos de Minas Gerais – foram adiante, e falaram em *povo bahinense* como sendo republicano, contrário aos reis, à monarquia e à escravidão.[16]

A associação direta desses dois movimentos com a Independência do Brasil é, portanto, um erro. Não havia *brasileiros* naquela época, tampouco uma ideia de um único *Brasil* que pudesse se separar de Portugal e do restante do império. A invenção mitológica de que a Inconfidência Mineira teria sido um movimento supostamente precursor da Independência ocorreu bem depois, em meados no século XIX; a Inconfidência Baiana jamais foi tão exaltada, mas até hoje há quem insista em tratá-la, igualmente, como uma antessala da Independência. A despeito de tais equívocos, e considerando a própria época em que os movimentos ocorreram, ambos mostram como a história do Império Português estava mudando. Eles apresentaram velhas identidades renovadas por novos projetos políticos. E em meio a esses projetos, começava-se a se vislumbrar, pela primeira vez com contornos bem definidos, um futuro no qual partes da colônia poderiam viver sem sua metrópole.

Essas novidades, bastante incômodas à maioria dos súditos portugueses, foram sendo monitoradas pelos estadistas da época, envolvidos que estavam na tarefa de colocar o Império em uma melhor posição diante de outras potências coloniais – Grã-Bretanha, França, Holanda – claramente mais poderosas do que Portugal. Essa política, que mobilizou portugueses europeus e portugueses americanos, principalmente homens de letras e ocupantes de cargos públicos, é conhecida como Reformismo Ilustrado, porque se inspirava em certas bases filosóficas do pensamento iluminista europeu para, em uma perspectiva prática e objetiva (e católica), reforçar a posição mundial do Império Português. Também houve um reformismo parecido no Império Espanhol, e em ambos seus protagonistas deram grande importância ao potencial de recuperação oferecido pelas colônias americanas.

Já dissemos anteriormente que, durante os anos de colonização, o Brasil jamais foi uma unidade bem definida. Quase sempre prevalecia a ideia de que ele nada mais era do que uma diversidade de regiões e populações diversas entre si, embora seus moradores – menos indígenas não assimilados, escravos e estrangeiros – compartilhassem a mesma lealdade ao rei e, portanto, integrassem a nação portuguesa. Os reformistas ilustrados, por estarem especialmente atentos ao que podia ser feito com essas colônias, muitas vezes tenderam a pensá-las como um conjunto mais orgânico do que elas eram de fato; como domínios que, se estivessem bem articulados internamente, poderiam ser mais úteis. Mas desde que isso não implicasse sua autonomia em relação à metrópole e ao império. Essa ideia de unidade do Brasil, esboçada por alguns dos reformistas portugueses em seus escritos de reflexão, nos projetos que propuseram ao rei, e nas políticas concretas que conseguiram implementar, era apenas um meio de valorizar esses domínios, de modo que o Brasil pudesse, em seu conjunto, melhor contribuir para a grandeza imperial.

Receosos de que o desenvolvimento político, econômico e militar de regiões coloniais viesse a fomentar ideias de separação entre portugueses do Brasil, e preocupados com os acontecimentos de Minas Gerais e da Bahia, os estadistas reformistas portugueses afirmaram em diversas ocasiões: a única lealdade devida por todos os portugueses deveria ser ao seu rei. Para que o império continuasse a existir, pudesse funcionar adequadamente e se tonificasse, todos deveriam continuar se sentindo portugueses, integrantes de uma mesma nação.[17]

Foi com essa política reformista em mente que a Corte comandada pelo príncipe João (1767-1826) – futuro D. João VI – decidiu fugir da invasão francesa a Portugal em 1807 e se proteger em terras americanas. Todas as medidas tomadas desde então para que o império continuasse a existir em sua nova sede buscaram manter e fortalecer sua unidade, agora especialmente ameaçada pelas guerras na Europa. Em um primeiro momento, nenhum dos estadistas portugueses, tampouco qualquer português que se considerasse um bom súdito, desejava ou vislumbrava a possibilidade de que o Brasil ou partes dele se tornassem independentes.

No entanto, os novos desafios à manutenção dessa unidade iam tornando a tarefa reformista mais árdua. Não apenas porque na Europa as guerras napoleônicas pintavam um futuro incerto, mas também porque a presença da Corte portuguesa no Brasil logo cobraria preços altos. A aliança subordinada de Portugal à Grã-Bretanha implicou que já em janeiro de 1808 os portos do Brasil, cuja atividade há muito tempo era controlada por portugueses, fossem abertos ao comércio internacional, resultando em um enorme incremento da atividade econômica britânica em detrimento dos interesses e lucros de seus antigos beneficiários, gerando ressentimentos duradouros. Outro preço que a Corte teria que pagar: mudar a condição do Rio de Janeiro de sede do Vice-Reino para capital do império trouxe imediatas modificações nos frágeis e instáveis equilíbrios internos desse mal definido Brasil. No que diz respeito ao tema que estamos aqui analisando, a mais importante dessas modificações seria sentida em províncias mais ao norte, precisamente em Pernambuco. Lá, durante três meses do ano de 1817, um governo revolucionário assumidamente republicano tomou as rédeas do poder, recusando-se a pagar impostos ao Rio de Janeiro, rompendo abertamente com a autoridade central da monarquia portuguesa, estendendo sua zona de influência a outras capitanias vizinhas e ligando todos os alertas sobre a possibilidade concreta de fragmentação do Reino Unido de Portugal, Brasil e Algarves.

No plano identitário, a Revolução Pernambucana nos mostra um movimento diversificado. Seus apoiadores falaram do exemplo positivo de *nações livres* e se apresentaram como *pernambucanos, americanos* e *portugueses*; ou seja, por meio de tradicionais identidades coloniais. Mas também se identificaram como *patriotas* e *brasileiros*. Politizavam seu lugar de nascimento – a exemplo do que já ocorrera antes nas Minas Gerais e na Bahia –, mas por meio de uma identidade nova: *brasileiros*. Mas não havia distinção clara entre essas identidades, tampouco uma definição do que seria exatamente um *brasileiro*; havia até uma tendência de que tal condição pudesse se associar a *português*. O que mostra que, mesmo em um momento de tentativa de ruptura política com a ordem vigente, a nação portuguesa se manteve como uma identidade forte. Mas a possibilidade de ruptura, mesmo após o fracasso da revolução, não poderia mais ser subestimada; as consequências identitárias dessa ruptura também não.[18]

Ao tempo em que a Revolução Pernambucana complicava a unidade política e identitária portuguesa no Brasil, os acontecimentos da América espanhola eram aqui noticiados e acompanhados com vivo interesse. Naquela parte do continente, movimentos de contestação política, guerras civis, afrontas à autoridade real espanhola e declarações de independência mostravam que o Império Português poderia seguir o mesmo caminho que o espanhol. Por isso, mesmo com o fim da guerra em Portugal em 1814, a Corte permaneceu no Rio de Janeiro, receosa de que seu retorno à Europa pudesse desencadear movimentos de independência no Brasil; e em dezembro do ano seguinte, o príncipe D. João criou o Reino Unido de Portugal, Brasil e Algarves e reforçou politicamente a posição do Brasil, liquidando de vez sua condição colonial. Quando em 1817 eclodiu a Revolução Pernambucana, a palavra *americano* podia identificar simplesmente pessoas nascidas no continente; mas podia também se referir a defensores do fortalecimento de governos sediados na América sem necessariamente romperem com seus respectivos impérios, ou a partidários políticos de revoluções de independência. Para todos os efeitos, a generalização de uma identidade americana indicava que *portugueses americanos* e *portugueses europeus* podiam se ver, cada vez mais, como portugueses distintos entre si, do mesmo modo como vinha acontecendo com seus correlatos espanhóis.

A tradicional identidade colonial portuguesa americana, que costumava conviver bem com as demais identidades abrigadas pela nação portuguesa, continuou se diversificando, multiplicando modalidades de *ser português* que, ao sabor de acontecimentos cada vez mais complexos e inesperados, resultarão em possibilidades de quebra dessa mesma identidade. Isso ocorrerá principalmente a partir de 1820, quando portugueses *americanos* e portugueses *europeus* começaram, finalmente, a se tornar identidades incompatíveis entre si. A Independência do Brasil estava ganhando forma. E dessa independência começaria a surgir a nação brasileira.

INDEPENDÊNCIA E PRIMEIRO REINADO: A NAÇÃO PORTUGUESA FRATURADA

Muita gente ganhou com a presença, desde 1808, da Corte portuguesa no Brasil. Grandes comerciantes de gêneros de

42 Formação da nação brasileira

abastecimento que viram seus negócios aumentarem com a instalação da capital imperial em solo americano; traficantes de escravos que passaram a vender cada vez mais seres humanos; senhores de terra que se beneficiaram do aumento do comércio de exportação; militares e funcionários reais que se aproveitaram de novas possibilidades de desempenho de seus serviços para se aproximarem da Corte e da família real; e até mesmo homens de letras que protagonizaram a ampliação de seus espaços de atuação, todos pareciam ter motivos para comemorar. E muitos poderiam ser beneficiados com o aumento da oferta de promoções militares e títulos de nobreza, estratégia deliberadamente utilizada pela Corte para manter a união entre os portugueses. Todas essas vantagens obtidas pelos súditos na América, porém, terminariam por desgastar a lealdade dos súditos na Europa.

A permanência da Corte no Brasil, seu envolvimento nos conflitos hispano-americanos na região do Rio da Prata, a criação do Reino do Brasil, a Revolução Pernambucana e uma conspiração reprimida em Portugal também em 1817 abalaram a imagem da monarquia dos Bragança e geraram profundos descontentamentos que acabaram por desencadear um movimento revolucionário em Portugal, conhecido como Revolução do Porto. Iniciado em agosto de 1820, o movimento exigiu o retorno da Corte à Europa, limitou os poderes do rei D. João VI e convocou portugueses de todas as partes do mundo a elegerem representantes que deveriam formar as Cortes de Lisboa. Além de governar junto com o rei, exercendo funções legislativas, as Cortes se responsabilizariam por escrever uma Constituição válida para toda a nação portuguesa.

Até aquele momento, a nação portuguesa tinha seu centro no rei. Era o rei que detinha a máxima soberania, isto é, a prerrogativa de decidir por seus súditos. E essa nação tinha sido vista como algo natural, uma criação quase que divina. Com a Revolução do Porto, o centro dessa nação se deslocou para uma assembleia de representantes, o que fez com que a soberania real fosse fatiada e dividida com esse novo espaço de decisão política. A nação portuguesa se desnaturalizou, afastando-se de um sentido tradicional em direção a um sentido moderno, e passou a ser entendida como comunidade política soberana, artificialmente criada pelos povos e governada por uma Constituição escrita por representantes por eles eleitos.

As Cortes, na verdade, eram uma instituição antiga em Portugal, que se reuniam quando o rei decidia consultá-las sobre algum assunto de interesse geral da monarquia. Quase nunca, porém, os reis de Portugal recorreram a esse expediente. No contexto inaugurado pela Revolução do Porto a relação se inverteu, e foram as Cortes que decidiam convocar e submeter o monarca, retirando dele a condição de exclusivo detentor da soberania. As Cortes assumiram o protagonismo na tarefa de reformar e reforçar a nação portuguesa combalida desde 1808; o que, na prática, significava fundar um novo tipo de nação.

A Revolução do Porto teve ampla e positiva repercussão em Portugal e no Brasil. Dezenas de deputados de diferentes regiões foram eleitos (em algumas mais, em outras menos), e D. João VI cedeu às pressões das Cortes e retornou a Portugal em abril de 1821. Seu filho, o príncipe Pedro (1798-1834), porém, aqui permaneceu, e foi em torno dele que passou a se agrupar uma parte significativa das forças políticas e econômicas que desde 1808 tanto tinham se favorecido com as mudanças no império, e que agora temiam perder suas vantagens. A imprensa, criada no Brasil em 1808 e ampliada por decretos de extinção da censura lavrados pelas Cortes em 1820 e 1821, deu ampla voz aos conflitos de interesse que se seguiram, inclusive as desavenças entre, de um lado, deputados de algumas regiões do Brasil e, de outro, deputados de Portugal. Cada vez mais e muito rapidamente, interesses políticos e econômicos identificados como *brasileiros* foram se opondo a interesses agora chamados simplesmente de *portugueses*.[19] Uma identidade brasileira foi se politizando, e em muitas ocasiões ela se antagonizou com a antiga identidade portuguesa.

Este é um momento decisivo da história do Brasil. A fratura provocada na nação portuguesa pelos acontecimentos de 1820 – que por seu turno foram consequência daqueles de 1808 – fez surgir novos interesses políticos e econômicos. Tais interesses forneceram a base de projetos de independência do Brasil em relação a Portugal, e foi a partir desses projetos que velhas e novas identidades políticas foram estabelecendo pontos de encontro e de tensão. Primeiro como identidades *americanas*, logo como *brasileiras*, ainda que estas ainda não se mostrassem propriamente como *nacionais*. De início surgiram interesses coletivos tidos como brasileiros/americanos, capazes de agrupar um número significativo de pessoas, e opostos a interesses agora vistos simplesmente como portugueses/europeus; depois, foi surgindo uma comunidade relativamente estável e forte, reunida em torno desses interesses brasileiros, comunidade essa que, ao romper com a nação portuguesa, tornar-se-ia finalmente a base da nação brasileira.

Nunca é demais repetir: a nação brasileira não existia antes da Independência, embora algumas características e acontecimentos da história colonial ajudem a explicar seu surgimento. Mas esse surgimento não se fez de repente, em algum momento abrupto entre 1820, 1821 ou 1822, embora tenha sido entre esses anos que essa nação começou a adquirir contornos como uma comunidade política com sua alteridade decisiva:

uma nação *não portuguesa*. Mais precisamente, o que surgiu naqueles anos foram as condições seguras para o nascimento dessa nova nação, e esse é um dos sentidos que tornam a Independência uma revolução política. Mas nada havia nesse nascimento que garantisse que o bebê teria vida longa.

A nação brasileira não é produto da natureza ou do destino, mas da história. E a história sempre depende do que dela fazem homens e mulheres em sociedade. A história da nação brasileira, portanto, desde seus primeiros momentos, esteve em aberto.

Talvez o mais evidente traço da abertura da história inicial dessa nação esteja no fato de que, em 1822, a palavra *independência* tinha mais de um sentido. Nem sempre ela se referia a uma separação política total entre Brasil e Portugal, a uma frontal oposição de interesses, menos ainda a um conflito aberto entre colônia(s) e metrópole. Majoritariamente, *independência* significava a capacidade autônoma, por parte de um grupo de pessoas, de tomar uma decisão política sem influência externa. Por exemplo, a possibilidade de que o Brasil decidisse seu futuro sem a interferência de Portugal. Dentre as alternativas contidas nesse futuro, a separação total era apenas uma delas. Por um bom tempo, durante e logo após a Independência, alguns de seus defensores advogaram que o Brasil tivesse suas próprias Cortes legislativas e constituintes – afinal, desde 1815 ele era um reino dentro do Reino Unido português e, portanto, tinha os mesmos direitos políticos que Portugal. Advogaram, então, que fazer o Brasil independente significava dotá-lo de maior autonomia política, mantendo-o, porém, como parte integrante do Reino Unido português. Se isso acontecesse, os *brasileiros* continuariam a ser *portugueses*. E D. Pedro I, imperador do Brasil, poderia ser também – quando D. João morresse – rei de Portugal.[20]

Em meio ao processo político em curso, era comum que quem utilizasse a palavra *brasileiro* ou se referisse a causa, interesses e futuro *do Brasil*, o fizesse procurando atenuar o caráter conflitivo da palavra. D. Pedro e seus ministros, diplomatas, escritores de jornais e outras pessoas atuantes naquele cenário com frequência esclareciam que, no seu entendimento, os *brasileiros* continuavam a ser *portugueses*, e que os dois reinos aos quais essas palavras se referiam deveriam continuar unidos. Mas a simples preocupação em fazer esse tipo de esclarecimento, em reafirmar a união política entre Brasil e Portugal, demonstra como as identidades e a linguagem política em geral podiam, sim, sinalizar com uma ruptura que, como já afirmamos, estava criando as condições para o surgimento da nação brasileira.

Havia ainda outras ideias de *independência* de menor alcance político, embora por vezes de grande alcance social, e que faziam com que portugueses americanos dos mais diversos tipos – ricos, pobres, brancos, negros, mestiços, indígenas, homens, mulheres – vissem no processo em curso boas oportunidades de concretização de interesses por ventura mais limitados, objetivos e concretos do que a separação de Portugal ou a criação de uma nova nação: ganhos materiais, usufruto de terras, conquista de espaços de poder locais, melhorias de condições de vida, direitos, acerto de contas contra adversários etc. Em uma sociedade fortemente oral, na qual a maioria de seus integrantes era analfabeta, ideias, linguagens e conceitos políticos corriam soltos, de boca em boca. Este é um tema que vem despertando enorme interesse entre os estudiosos da história de nosso país de começos do século XIX.

Contudo, muito rapidamente a possibilidade dessas várias independências foi perdendo espaço para a independência que se tornaria dominante: a que deveria dotar o

Brasil de um Estado e de um território próprios, em separado de Portugal, o que fortaleceria a comunidade de pessoas agrupadas em torno de políticas e interesses identificados reciprocamente como sendo uma nação à parte. Uma nação não portuguesa, uma nação brasileira.

A Independência não foi decidida no dia 7 de setembro de 1822, às margens do riacho Ipiranga, em São Paulo. Ela foi um processo histórico complexo, multifacetado, ocorrido em múltiplos ritmos, de distintas maneiras em diferentes lugares, conectado com outros processos políticos da mesma época e, embora de viés socialmente conservador e liderado por setores limitados, teve também fundamentos revolucionários e envolveu vasta gama de participantes oriundos de grupos diversos. A partir desse quadro, podem-se compreender seus resultados segundo temas e perspectivas dos mais variados. A abrangência e a riqueza da história da Independência do Brasil são uma demonstração de sua importância, reforçada ainda pelo fato de ela ter criado as condições para o surgimento não somente de uma nação brasileira, mas também de um Estado, de um território e de uma identidade nacional novos.

Ao longo de 1822, ao passo em que o governo do então príncipe regente D. Pedro se fortalecia e os conflitos entre o Brasil e Portugal se agravavam, a alteridade identitária política entre *portugueses americanos* e *portugueses europeus* foi ganhando contornos cada vez mais claros, em meio às dinâmicas de um rico manancial de termos políticos associados, como *corcundas, pés de chumbo marotos, cabras, pés de cabra, bodes, anarquistas, demagogos, filhos da terra* e *facciosos*. O Brasil podia ser xingado como sendo uma "terra de macacos, de pretos e de serpentes"; em troca, Portugal seria uma "terra de lobos, de galegos e de raposas". A criação do Império do

Brasil, oficializada com a aclamação pública de D. Pedro I em 12 de outubro e sua coroação em 1º de dezembro de 1822, impôs redefinições identitárias, mas também nacionais. Porém, mesmo após a Independência, vários critérios de definição do que eram portugueses e brasileiros continuaram a existir, nem sempre bem ajustados. Contribuiu para uma melhor definição o fato de que, em 11 de dezembro de 1822, D. Pedro I decretou o sequestro de boa parte dos bens de portugueses comerciantes em atividade no Brasil que não aderissem formalmente ao Império. A historiadora Gladys Ribeiro identificou um padrão nos requerimentos de portugueses que queriam se tornar brasileiros, por meio de texto que se tornou uma espécie de formulário não oficial de naturalização. Mesmo assim e por alguns anos, muita gente transitaria com dificuldades entre as duas nacionalidades.[21]

FORMULÁRIO PARA SE TORNAR BRASILEIRO

"Aos (data) nesta Corte do Brasil em os Paços do Ilmo. Senado em auto de vereação que fazendo estarão o desembargador Juiz Presidente e mais oficiais do Ilmo. Senado aí apareceu presente (fulano), natural de (lugar de Portugal), vindo proximamente de (tal lugar) estabelecer-se (na Corte, por exemplo) onde já reside há (tantos anos ou desde tal data) e pelo Desembargador Juiz Presidente lhe foi deferido o juramento dos Santos Evangelhos prometendo guardar fidelidade e adesão à Causa do Império, sujeitando-se em tudo e por tudo às leis do país como Cidadão dele e obedecendo no seu Imperador e por constar fez este termo (Assinaturas)."

("Termo de adesão à Independência do Brasil, c.1823-1824", em Gladys Ribeiro, *A liberdade em construção*, Niterói, Eduff, 2022, pp. 92-93.)

A despeito das dificuldades iniciais de se estabelecer quem seriam *brasileiros* e *portugueses*, situações favoráveis à conversão dessa alteridade em uma nova nacionalidade brasileira não pararam de crescer. O termo *brasileiro* vinha sendo cada vez mais usado por viajantes estrangeiros – britânicos, franceses, germânicos – para se referir a habitantes do Brasil.[22] Mas foi com as guerras de independência que a palavra ganhou contornos políticos mais fortes.

Durante muito tempo, as guerras de independência foram pouco valorizadas pelos estudiosos, adesistas conscientes ou inconscientes de um de nossos mais poderosos mitos fundadores: o de um Brasil supostamente pacífico, povoado por brasileiros simpáticos e passivos, conciliadores e pouco dados ao conflito. Esse mito começou a ser construído durante a própria Independência, em especial durante as guerras a elas relacionadas, por pessoas que, por diferentes motivos, idealizaram contrastes entre as situações hispano e luso-americanas: aquela seria caracterizada por violências destrutivas, enquanto esta ofereceria um exemplo positivo e perfeito de transição política tranquila, sábia e segura. Até mesmo algumas das forças militares envolvidas nas guerras de independência traziam em seus próprios nomes indicativos desse mito em construção, como "Exército Pacificador", "Exército Cooperador da Boa Ordem", como se tais exércitos não estivessem fazendo justamente... guerras! Esse mito serviria ainda para atenuar desavenças poderosas que existiam entre grupos políticos de diferentes províncias e que nem sempre estiveram de acordo com aderir ao novo Império do Brasil. Esse mito contaria também com o apoio de participantes das guerras e lutas políticas da Independência que, inicialmente posicionados do lado identificado como "português", acabaram por aderir ao lado "brasileiro" e queriam, portanto, limpar a sua barra.[23]

Essa distinção entre *portugueses* e *brasileiros*, que fique bem claro, ainda não dizia respeito a nacionalidades, sequer a identidades nacionais. No contexto da década de 1820, ela se referia a posições políticas e servia para agrupar, defender ou atacar partidários dos interesses considerados "portugueses" ou "brasileiros". A presença dessa distinção pode confundir até mesmo pesquisadores experientes que, examinando a documentação sobre as guerras de independência, se deixem levar passivamente pelo amplo emprego de uma linguagem que, à época, estava em transformação e que, embora não revelasse a existência de uma nação brasileira pronta e acabada, estava contribuindo para estabelecer as bases identitárias dessa nação. Ou seja, uma linguagem política de identificação de diferentes interesses em conflito, polarizada pelas guerras, contribuiu para criar uma nação brasileira cada vez mais separada e incompatível com a nação portuguesa. O próprio D. Pedro I utilizou tal linguagem, por exemplo, ao se dirigir aos portugueses nove dias após a sua aclamação como imperador, na qual os ameaçava com uma "guerra mais violenta que só poderá acabar com o reconhecimento da Independência do Brasil ou com a ruína de ambos os Estados [Brasil e Portugal]".[24]

Essa linguagem polarizada, belicosa e cada vez menos conciliatória chegou a todas as regiões que conheceram combates entre as forças partidárias da manutenção do Brasil ao Reino Unido português e as favoráveis à criação do Império do Brasil. As guerras tiveram como palcos principais a Bahia, o Maranhão, o Piauí, a Província Cisplatina e o Pará, mas mobilizaram pessoas armadas em muitas outras províncias. Tais guerras ocorreram entre fevereiro de 1822 (quando na Bahia, antes mesmo da Independência, eclodiram conflitos armados entre os adeptos do governador local e os do novo governador indicado pelas Cortes) e fevereiro de 1824 (quando da retirada completa das forças portuguesas de Montevidéu). A distinção política entre *brasileiros* e *portugueses* e o enfrentamento militar entre tais grupos ajudou a costurar, em diferentes regiões, a incipiente unidade nacional brasileira.

Não é exato, portanto, afirmar que a Independência manteve uma unidade territorial anterior. Como vimos mais atrás, não havia em tempos coloniais uma unidade do Brasil, portanto não havia um território a ser mantido. O Império do Brasil, desde seus primeiros instantes, teve que construir um território próprio, e este foi se tornando um território nacional na medida em que se construía a própria nação brasileira. As guerras de 1822-1824 foram fundamentais para o bom sucesso dessa tarefa. E caso elas tivessem tido resultados diferentes – pois todas terminaram com a adesão das províncias beligerantes ao Império –, nosso país poderia ter um mapa completamente diferente do atual.

Outra situação que contribuiu para o surgimento da nacionalidade brasileira no contexto da Independência foi o constitucionalismo. Também vimos anteriormente como a Revolução do Porto submeteu a autoridade do rei de Portugal às Cortes e à Constituição que elas deveriam elaborar. Suas propostas encontraram ampla acolhida em praticamente todas as províncias do então Reino do Brasil. No entanto, quando os deputados da nação portuguesa começaram a se reunir em Lisboa (1821), logo surgiram conflitos de interesse entre representantes de partes do Brasil e de Portugal. Junto com a insatisfação de portugueses americanos com o retorno da Corte à Europa, esses conflitos de interesse convergiram para projetos de independência do Brasil. Mesmo com a crescente oposição à política das Cortes de Lisboa, o constitucionalismo continuou forte no Brasil, a ponto do ainda príncipe Pedro anunciar, em 3 de junho de 1822, a convocação para uma assembleia constituinte que deveria fazer para o Brasil uma

Constituição própria, e que a princípio o manteria unido a Portugal. Àquela altura dos acontecimentos, o príncipe ainda podia afirmar que "quem diz *brasileiro* diz *português*, e prouvera a Deus que quem dissesse *português* dissesse *brasileiro*".[25] Contudo, isso logo mudaria. E quando a ruptura finalmente se fez em finais daquele ano, a Constituinte e a Constituição próprias do Brasil eram um dos principais apelos políticos do projeto de Independência que estava sendo colocado em prática, de modo que o agora imperador D. Pedro I com ele renovou seu compromisso.

A Assembleia Legislativa e Constituinte do Império do Brasil começou a trabalhar em 3 de maio de 1823, quando as guerras de independência ainda estavam em curso, e fechou suas portas abruptamente em 12 de novembro, por ordem do próprio imperador. Como reação à medida, um novo movimento de contestação eclodiu em Pernambuco, a Confederação do Equador (1824), cujos participantes, em defesa do constitucionalismo e da *nação brasileira*, se posicionaram já decididamente como *brasileiros*, embora o movimento despertasse, em agentes da ordem imperial, receios de separação.

A Assembleia de 1823 não concluiu sua tarefa de escrever uma Constituição, mas ela anunciou e começou a enfrentar uma série de questões e problemas que logo teriam que ser resolvidos. Dentre eles, uma definição precisa do que seria a *nacionalidade brasileira*, o que implicava uma própria definição, ao menos no plano político-jurídico, da nação que estava surgindo. Tal definição seria dada pela primeira Constituição brasileira, a carta outorgada por D. Pedro I em 1824.

É muito interessante observar que a definição de *brasileiros* dada pela Constituição de 1824 não era uma definição teórica e genérica, mas sim pragmática e específica. No Brasil, a nação surgiu não de uma formulação abstrata, mas como resultado do desenrolar de conflitos políticos dentro da nação portuguesa. Por isso, pode-se dizer que a nação brasileira não foi uma ideia de antemão que antecedeu o processo de Independência, mas um dos componentes desse próprio processo, e que seguiu uma trajetória própria uma vez estabelecida a separação entre Brasil e Portugal em finais de 1822. Nos dois anos seguintes, a definição de *brasileiros* passava por lidar com duas questões bem objetivas: o que fazer com pessoas nascidas no Brasil e que viviam no país, mas que não necessariamente deveriam ser consideradas parte ativa da comunidade que estava sendo criada? E o que fazer com os "portugueses" contra os quais os "brasileiros" tinham se voltado recentemente?

Na definição da nacionalidade brasileira, a Constituição de 1824 seguiu os passos do que fora discutido na Assembleia de 1823. Após definir o Império do Brasil como "a associação política de todos os Cidadãos Brasileiros" que "formam uma Nação livre e independente", bem como estabelecer que seu território se dividia em províncias, que seu governo era monárquico hereditário, constitucional e representativo, que a atual dinastia era a de seu imperador D. Pedro, e a religião pública oficial era a católica apostólica romana, a Constituição de 1824, em seu título 2º do artigo 6, estabeleceu quem seriam os *cidadãos brasileiros*: todos os homens e mulheres nascidos no Brasil "ingênuos ou libertos", isto é, não escravos, desde que seus pais não fossem estrangeiros a serviço de outro país (como, por exemplo, membros de um corpo diplomático estrangeiro); os filhos de brasileiros nascidos em países estrangeiros desde que passassem a morar no Brasil (obrigação dispensada aos filhos de diplomatas brasileiros); portugueses quaisquer que aqui vivessem antes da Independência e que a ela tivessem aderido politicamente, ou simplesmente tivessem continuado a morar no Brasil; e, finalmente, quaisquer estrangeiros que se naturalizassem, isto é, que trocassem sua antiga nacionalidade pela nacionalidade brasileira. Todos esses *cidadãos brasileiros* teriam determinados direitos e seriam reconhecidos como indivíduos, condição devidamente observada, respeitada e protegida pelo Estado.

A necessidade de se precisar que nem todos os *brasileiros* eram *cidadãos* vinha do critério de nascimento no Brasil: se ele fosse observado sem restrições, escravos e indígenas não assimilados deveriam ser considerados brasileiros, o que era amplamente rejeitado por aqueles senhores que, entre 1823 e 1824, estavam dando passos tão decisivos para a formação de nossa nação. Embora a nação brasileira contemplasse uma ampla gama de pessoas, inclusive ex-escravos (independentemente de sua cor), bem como indígenas submetidos aos padrões de assimilação cultural a eles impostos desde os tempos da colonização, tal nação definia, desde suas origens, a sua principal exclusão.

Uma vez definida em seus contornos essenciais, a nação brasileira conheceria uma outra exclusão, desta vez dentre os próprios cidadãos brasileiros. É que nem todos esses cidadãos teriam uma cidadania política, isto é, o direito de votar e se candidatar a cargos públicos. A Constituição de 1824 diferenciou candidatos, eleitores (pessoas que escolhiam os candidatos) e votantes (aqueles que votavam apenas nos eleitores, não nos candidatos). Participariam das eleições apenas homens livres e maiores de 25 anos. Candidatos e eleitores deveriam ser católicos, e ex-escravos poderiam ser votantes, mas não eleitores ou candidatos. Havia ainda um critério de renda: candidatos a senador deveriam ter renda líquida anual de 800 mil réis, candidatos a deputado 400 mil, eleitores 200 mil e votantes 100 mil (esses valores seriam aumentados em 1846). A questão dos direitos políticos, aqui representada pelas condições concretas de participação nas eleições, seria, desde então e até os dias de hoje, um dos principais motivos de disputa em torno de ideias e significados da nação brasileira.[26]

Atenção, caro leitor, cara leitora: nenhuma nação moderna é universal. Nenhuma contempla formal e indistintamente todas as pessoas que eventualmente podem dela fazer parte segundo todos os critérios possíveis de inclusão. Mas nem todas as nações do mundo atual surgiram tão fundamentalmente baseadas na violência e na segregação, definindo seus limites na escravidão, na destruição de culturas nativas e na desigualdade social, como o fez a brasileira.

Uma nação tampouco é – seja como ideia, seja como comunidade – uma realidade estanque, perfeitamente bem-acabada, análoga a um monolito duro de formas totalmente definidas. Uma nação é uma realidade histórica sempre em transformação, a partir, porém, de uma morfologia básica e originária. A nação brasileira que estava surgindo com a Independência e com o Império carregava ambiguidades e imprecisões. A definição político-jurídica da Constituição de 1824 era apenas uma das fontes dessa vida ainda em seus começos, embora uma fonte significativa e poderosa. Os brasileiros e as brasileiras contemplados pela nova nação não necessariamente passaram de imediato a se reconhecer como tais, tampouco a nacionalidade a eles atribuída teve impacto direto e bem distribuído em suas vidas cotidianas. Houve até quem, já sendo brasileiro, abrisse mão dessa nacionalidade: a partir da década de 1820 e pelos 50 anos seguintes, milhares de pessoas negras livres e que se identificavam como *súditos brasileiros* ou *brasileiros* decidiram viajar à África para lá ficar de vez. Estatísticas imprecisas apontam entre 7 e 8 mil.[27]

A nova nação brasileira, portanto, era antes de mais nada um parâmetro regulatório que obedecia, sobretudo, a necessidades urgentes e imediatas: a implementação de um novo Estado e seu território, o fortalecimento do projeto político ao qual esse Estado deveria servir, e todas as relações sociais e de poder daí decorrentes.

Destacamos antes que, em torno de 1822, havia no Brasil várias ideias de *independência*. A que acabou por prevalecer e se implementar com a fundação do Império do Brasil carregava três implicações: 1) a separação política entre Brasil e Portugal, com a almejada união entre todos os territórios que até então tinham feito parte do Reino do Brasil; 2) a submissão dessa união territorial a um governo liderado pelo agora imperador D. Pedro I, com o apoio de seus ministros e de um conjunto de instituições representativas nacionais e provinciais, todos submetidos a uma Constituição; e 3) a coesão social de *uma parte* daquela comunidade de portugueses americanos que agora se tornavam *brasileiros;* estes tomaram as rédeas da implementação de uma nova realidade nacional como forma de garantir seus interesses políticos, econômicos e sociais. Quanto a este último ponto, já podemos afirmar claramente: a Independência do Brasil que despontou em 1822 obedeceu às diretrizes de um projeto escravista e mercantil que, embora sediado no Rio de Janeiro e em províncias próximas, teve significativo apoio em todas as demais que até então compunham o Reino do Brasil.

Quando da ruptura com Portugal em 1822, o comércio de escravos da África para o Brasil estava no seu auge, mas vinha enfrentando oposição frontal do Reino Unido da Grã-Bretanha, que promovia a extinção de monopólios e a generalização da mão de obra assalariada livre. Quando assegurou à Corte portuguesa proteção militar em sua fuga de 1807-1808, o gabinete britânico já tinha deixado claro ao português que compromissos com a extinção gradual do comércio de escravos seriam contrapartidas inescapáveis. Em 1810, 1815 e 1817 foram firmados compromissos nessa direção, mas os estadistas portugueses dribllaram os britânicos e foram postergando uma prática comercial largamente enraizada, que estava na base da produção agroexportadora do Brasil e que fundamentava toda a economia e a sociedade da América Portuguesa.

A Independência do Brasil foi, em parte, o resultado da bem-sucedida articulação desses setores escravistas em torno da figura de D. Pedro, temerosos de que Portugal, o rei e as Cortes de Lisboa se dobrassem às pressões britânicas. Os primeiros momentos de vida da nação brasileira foram, portanto, de uma nação escravista, que inclusive se definia como uma comunidade de homens e mulheres *livres*, mas que, como bem sabemos, viviam em meio e às custas de escravos e mais escravos. Após 1822, as continuadas gestões antiescravistas britânicas, parcialmente acolhidas pelo governo imperial brasileiro, forneceram um importante estímulo para o estabelecimento da recém-surgida nação. Os defensores do tráfico negreiro e da escravidão em geral passaram a acusar D. Pedro I de ser inimigo dos *interesses nacionais* (isto é, dos interesses escravistas), *português* e *antibrasileiro*.[28]

As acusações contra o imperador encontravam respaldo não apenas em sua postura supostamente pró-britânica, mas também na manutenção de vínculos com sua família portuguesa, a dinastia dos Bragança, e com os assuntos políticos do outro lado do Atlântico (com a morte de D. João VI em 1826, D. Pedro I do Brasil foi aclamado D. Pedro IV em Portugal). Enfrentando uma crescente oposição na Assembleia Geral, inaugurada em 1826 e que reunia Câmara dos Deputados e Senado, também por parte de uma imprensa periódica cada vez mais combativa, sua autoridade à frente do Império do Brasil começou a desmoronar. Em meio a esse processo, os conflitos com a Grã-Bretanha ofereciam, em um jogo de identidades e alteridades, um excelente pretexto para o reforço da incipiente identidade nacional brasileira, que inclusive se aproveitava de ressentimentos portugueses que remontavam a 1808.

Outro fator de ordem externa importante para o estabelecimento da jovem nação brasileira foi o reconhecimento internacional formal do Império do Brasil, iniciado pelas Províncias Unidas do Rio da Prata e seguido pelos Estados Unidos e pelo Reino do Benin (todos em 1824). Após árdua e longa negociação triangular, vieram os reconhecimentos mais importantes: por parte de Portugal e Grã-Bretanha, respectivamente em agosto e outubro de 1825, aos quais se seguiram outros: França, Império Austríaco, Suécia, Santa Sé, Suíça, Países Baixos, Dinamarca, Chile, Peru, Colômbia...

Muito se fala a respeito das imposições feitas por Lisboa e Londres ao Império do Brasil em contrapartida ao seu reconhecimento, como a assunção da dívida portuguesa de cerca de 2 milhões de libras, a renúncia a quaisquer pretensões sobre os territórios luso-africanos de Angola e Guiné e o novo compromisso com os britânicos em torno do fim do tráfico negreiro, que inclusive permitiria a captura de navios negreiros brasileiros pela marinha britânica e o julgamento de traficantes brasileiros por juízes britânicos. Tais compromissos colaboraram para construir a visão de que a Independência não teria se completado de fato, de que o Brasil nada mais seria do que um país recolonizado por novos imperialismos, ou de que a nova nação seria débil, de fachada ou inexistente. No entanto, o reconhecimento diplomático do Império do Brasil por Portugal e Grã-Bretanha mostra como o Brasil estava surgindo não apenas como um novo Estado assentado em um território e em instituições e leis regulamentadas por uma Constituição, mas também como uma *nação soberana*, isto é, devidamente integrada a um sistema de relações internacionais. O fato de essa integração ter se dado em uma condição de relativa subalternidade a outras nações, correspondentes a Estados mais fortes do que o brasileiro – e, portanto, de sua soberania não ser absoluta – é outra história.

Devemos mencionar ainda a Guerra da Cisplatina (1825-1828), diretamente relacionada com os reconhecimentos internacionais do Império, e que também marcou os primeiros anos de vida da nação brasileira. Iniciada poucos meses após um problema de fronteiras entre autoridades do governo do Mato Grosso e governantes hispano-americanos empenhados na construção da República da Bolívia, a guerra contra as Províncias Unidas do Rio da Prata em torno da soberania da antiga banda oriental do Rio da Prata (região incorporada ao Reino Unido português, como Província Cisplatina, em 1821, e ao Império do Brasil em 1824) foi a primeira guerra internacional da qual o Brasil tomou parte. Com uma nacionalidade ainda incipiente, mas já formalizada, o país encontrou nessa ocasião uma oportunidade privilegiada de afirmá-la. De uma maneira fortemente emocional, típica de nacionalismos, as supostas diferenças entre a nação brasileira e uma comunidade estrangeira (no caso, a *argentina* ou *rioplatense*) se transformaram em um bom manancial de alteridades, travestidas em reiteradas afirmações de superioridade. De ambas as partes, a guerra criou manifestações públicas de ódios recíprocos, com o emprego de linguagens políticas radicalizadas, principalmente em jornais do Rio de Janeiro e de Buenos Aires. No primeiro caso, houve um esforço por exaltar D. Pedro I não apenas como representante máximo da nação brasileira, mas como sendo ele a própria nação.

A NAÇÃO E O IMPERADOR

"A Presença de D. Pedro I é a explicação do milagre: sem ele o Brasil ofereceria hoje montões de ruínas.

Quem está à frente da Nação! É o Herdeiro Legítimo do Trono; e quando o não fosse, é o primeiro proprietário do País, e possui, além dos bens territoriais, bens acima de todo o preço, Virtuosa Consorte, e Prole, mimosas esperanças das regiões onde nasceu, enfim Brasileira. O vosso Imperador é vosso Legítimo Monarca; é legítimo o seu governo. Os Governos Legítimos são paternais, e nem o podem deixar de ser; pois que em tornar dos súditos filhos consiste a segurança, e a glória dos Tronos; consiste a magia das Monarquias Constitucionais, que se deleitam nos sentimentos suaves de gratidão, quando as repúblicas não podem deixar de ser eminente e essencialmente ingratas. Os Governos Legítimos são os defensores das liberdades, os conservadores da propriedade, sem o que não têm riqueza, não têm força, não têm consideração. O que resta para vos reunirdes em roda de vosso Imperador?"

("Reflexões sobre as coisas do Brasil", 1825, em *Triunfo da legitimidade contra facção de anarquistas*, n. 14, Rio de Janeiro, 28/01/1826.)

Guerras são sempre assim: elas possuem a capacidade de fazer com que pessoas até então indiferentes ou refratárias a ideias de nação e de identidades nacionais passem a tomar tais ideias a sério, estimuladas pelo enfrentamento explícito com um suposto inimigo ameaçador.[29] Devidamente reconhecido por vários governos estrangeiros como um Estado e uma nação soberanos, o Brasil fez, com a Guerra da Cisplatina, sua estreia no sistema internacional da época, um sistema essencial para a afirmação das nações modernas.

A Guerra da Cisplatina terminou por mediação britânica, sem vencedores, e com a criação da República Oriental do Uruguai. No Império do Brasil, a guerra agravou o endividamento público, colaborou para a falência do Banco do Brasil, desestabilizou a atividade comercial no extremo sul do país e contribuiu para o enfraquecimento político do imperador, em um contexto em que as exportações brasileiras iam mal. Enquanto isso, na Assembleia Geral, na imprensa e nas ruas, D. Pedro I era cada vez mais acusado de se curvar aos interesses antiescravistas britânicos e de ser mais *português* do que *brasileiro*, um estigma que se alimentava das persistentes dificuldades de diferenciar as duas nacionalidades. Na chamada "Noite das Garrafadas", um violento conflito de rua entre partidários e opositores do imperador ocorrido no Rio de Janeiro em 13 de março de 1831, ouviram-se gritos "pelos amantes da causa do Brasil", "pela nação brasileira" e "pelos brasileiros", combatidos por outros que pediam a morte de "cabras", "bodes", termos de referência pejorativa aos brasileiros.[30]

Hoje, pode parecer estranho que D. Pedro I tenha abdicado, em 7 de abril daquele ano, em favor de uma criança, seu filho, o futuro D. Pedro II (1825-1891) e que à época contava com pouco mais de 5 anos de idade. As coisas, porém, ficam mais claras à luz da história da nação brasileira recém-surgida e ainda em processo de estabelecimento: é que o filho, ao contrário do pai, tinha nascido no Brasil. E D. Pedro I, embora tenha sido, sem sombra de dúvida, um dos protagonistas do surgimento da nação brasileira, parecia se preocupar mais com uma dinastia – a sua – do que com a nação que ajudara a criar. D. Pedro I se colocava como detentor da soberania da nação, em conflito com as pretensões concorrentes da Assembleia Geral. Naquele novo contexto, e na concepção de outros protagonistas, para guiar a jovem nação em direção ao seu futuro, quanto mais brasileiro fosse o monarca, melhor.

MARCAS DE NASCENÇA DA NAÇÃO BRASILEIRA

A nação brasileira surgiu a partir de uma identidade política associada a interesses do Reino do Brasil tidos como incompatíveis com os de Portugal. Essa identidade foi sendo construída em um contexto de tentativas de manutenção da unidade nacional portuguesa, complicadas a partir da instalação da Corte no Rio de Janeiro em 1808, mas que só resultaram em condições efetivas para se pensar um Brasil separado de Portugal – com uma correspondente separação identitária entre brasileiros e portugueses – com a Revolução do Porto, em 1820. A Independência do Brasil e a fundação do Império, em finais de 1822, criaram as condições e as necessidades específicas que explicam a transformação de uma identidade brasileira em uma referência cada vez mais ampla, capaz de plasmar uma nova comunidade social doravante identificada como uma nova nação.

Em suas origens, a nação brasileira é produto, portanto, de processos históricos, alguns dos quais remontam a tempos coloniais, quando se produziram os primeiros movimentos de politização da identidade nacional portuguesa, bem como de afronta a alguns de seus fundamentos (a monarquia, a escravidão). A nação brasileira, porém, não se tornou antimonárquica ou antiescravista, muito pelo contrário. Nascida organicamente inserida no processo de Independência do Brasil, nossa nação foi, em seu início, um projeto pensado por poucos: principalmente gente rica, poderosa e letrada; mais precisamente, oligarquias políticas mercantis e donas de terras, todas escravistas, que enxergaram na possibilidade de rompimento político e identitário com Portugal, bem como no estabelecimento de alteridades e oposições com a Grã-Bretanha, uma oportunidade inescapável para o fortalecimento de seu *status quo*. Criadora das condições de surgimento de uma nação, a Independência foi uma revolução política, mas não uma revolução social. Uma independência feita majoritariamente em nome da *ordem*, e que buscava se legitimar em todo o Brasil e perante o mundo por seu caráter supostamente pacífico.

Um projeto de poucos, mas para muitos: restrita de início, logo a nação brasileira começaria a se alargar, dentro de fronteiras bem definidas. No plano da delimitação interna da nova comunidade nacional, seus principais artífices não hesitaram: em nome da ordem, nela caberiam apenas homens e mulheres livres. Negros e negras livres sim, mas escravos e escravas, jamais; tampouco indígenas não assimilados. As poderosas influências sobre a nação desde sempre exercidas por esses contingentes negros e indígenas quase nunca seriam reconhecidas e valorizadas. E entre os participantes dessa nação brasileira, os direitos políticos seriam distribuídos de modo desigual, segundo critérios de renda. Mesmo assim, era muita gente que nela cabia. Os dados são imprecisos, mas podemos estimar seu tamanho potencial, em 1822, em torno de 2 milhões e 100 mil pessoas.[31]

Como quase sempre ocorre com novas nações, de início sua coesão identitária era frágil; mas com o tempo, de modo rápido e eficiente, a nação brasileira começou a se alargar e fortalecer, socialmente e territorialmente. Assentada em uma autoimagem mitológica de uma comunidade surgida pacificamente, em nome da preservação de uma ordem social de poucos, mas que supostamente deveria interessar a todos, ela teve na violência um de seus componentes fundadores. Não apenas aquela violência que, de acordo com Max Weber, é de se esperar que qualquer Estado nacional exerça por meio de monopólios que permitem o controle, a coesão e a reprodução de uma sociedade. No caso do Brasil, a essa violência sociologicamente prevista se somou uma violência historicamente construída: a que fez com que nossa nação se definisse por critérios de exclusão baseados na transformação de seres humanos em propriedade privada de outros, em seu rebaixamento étnico e cultural, e na prática cotidiana, por vezes juridicamente amparada, das diferenças sociais. Quando necessário, a violência "legitimada" seria empregada contra setores dessa mesma nação.

Vejamos a seguir como, ainda no século XIX, a nação brasileira se consolidou.

Consolidação

REGÊNCIAS E SEGUNDO REINADO: REARRANJOS DO ESTADO NACIONAL

Uma das principais marcas das nações modernas é sua associação com organizações que aqui podemos chamar genericamente – pois o termo comporta mais de um sentido – de *Estado*. Essa associação permite que a nação se imponha e seja aceita por seus participantes por meio de ações, instituições e estímulos políticos. Em contrapartida, permite que o Estado tenha uma justificativa para a sua existência, funcionando como base de organização e representação territorial, legal, institucional e simbólica de uma comunidade em relação à qual ele exerce seu poder.

Quase sempre, as relações históricas entre nações e Estados são de mão dupla: um ajuda o outro a se definir, sem que eles jamais se confundam plenamente. Não custa recapitularmos: a nação é uma ideia e uma comunidade, enquanto o Estado é um conjunto de instituições, normas, espaços e condições de exercício de poder político sobre uma população em um dado território. Muitos estudiosos dessa associação entre nação e Estado, ao observarem a história do Brasil, costumam afirmar que aqui o Estado, após ser criado em seus contornos básicos, começou a criar a nação. O que nossa história revela, porém, é outra coisa: durante e logo após o processo de separação política entre Brasil e Portugal, a nova nação e o novo Estado foram se estabelecendo juntos, um em função do outro.

No capítulo anterior, acompanhamos as origens conjuntas da nação e do Estado brasileiros. Agora, passaremos a observar como o desenvolvimento do Estado contribuiu para a consolidação da nação. O ano de 1831 foi decisivo: podemos dizer que ele concluiu o processo de Independência, dando início ao rearranjo do novo Estado e de um "abrasileiramento" da nação. Com isso, foi aberto um caminho – esburacado, mal sinalizado e cheio de curvas – que levaria a uma considerável estabilização da nação brasileira em meados do século. Mais precisamente, por volta de 1850.

Com a abdicação de D. Pedro I, o Império do Brasil começou a enfrentar novas dificuldades; contraditoriamente, tal enfrentamento permitiu que ele se fortalecesse em pelo menos duas frentes: enquanto aparato administrativo e regulatório da vida política, econômica e social do país; e enquanto máquina coercitiva, voltada à repressão de conflitos internos e externos.[32] Desde então, procurando exercer o papel de detentor do monopólio da violência legitimada (isto é, de uma violência de certo modo autorizada e reconhecida pela sociedade a qual ele representa), o Estado brasileiro sempre contribuiu para que também a nação carregasse marcas dessa violência.

No mesmo dia em que nosso primeiro imperador deixou o poder, alguns deputados e senadores que se encontravam no Rio de Janeiro – pois a Assembleia Geral estava de recesso – aclamaram D. Pedro II (1825-1891), que, por ter apenas 5 anos e 4 meses de idade, não poderia ainda governar. Foi então designada uma Regência Trina Provisória encarregada de exercer o Poder Executivo, formada por José Joaquim Carneiro de Campos (1768-1836), Nicolau de Campos Vergueiro (1778-1859) e Francisco de Lima e Silva (1785-1853). Poucas semanas depois, foi eleita uma Regência Trina Permanente, com Lima e Silva mantido, agora ao lado de João Bráulio Muniz (1796-1835) e José da Costa Carvalho (1796-1860). Embora o vazio de poder provocado pela Abdicação tenha sido formalmente preenchido, a situação estremeceu o frágil arranjo entre as partes que formavam o território nacional ainda em construção. Diferentes atores, com seus projetos políticos, espaços de poder e expectativas em relação ao futuro do Brasil, colidiram. Na imprensa e nas ruas, vozes populares encontraram espaço de expressão junto aos tradicionais e elitistas donos da palavra pública. Por toda parte, gente incluída ou excluída, favorecida ou desfavorecida pela nova nação, vislumbrou possibilidades e necessidades de ação em prol de interesses os mais diversos.

Nesse contexto, surgiu uma linguagem política ainda mais radicalizada do que a da época da Independência. Muitos historiadores a ela se referem como uma linguagem "exaltada", isto é, típica de grupos que defendiam, dentre outras coisas, uma maior abertura da política à participação popular. Representantes desses grupos eram, dentre outros, Cipriano

Barata (1762-1838), Ezequiel Correia dos Santos (1801-1864) e Antônio Borges da Fonseca (1808-1872), poderosos porta-vozes de projetos políticos não devidamente contemplados pela versão majoritária da nação brasileira que estava se consolidando. A atuação e a linguagem exaltadas favoreceram dicotomias e polarizações que se por um lado contribuíram para o acirramento de movimentos de contestação, por outro embasaram a violenta repressão a tais movimentos. Uma dessas dicotomias políticas, criada anteriormente, agora seria fortalecida e se mostraria decisiva na consolidação de uma identidade nacional: *brasileiros* contra *portugueses*.

Ainda nesse contexto, foi sendo anunciada o que seria uma nova, verdadeira ou completa *independência*. Também foram pensados vários sentidos de *revolução*. E em meio a muitas divergências, uma convergência unia os donos do poder: a necessidade urgente de controlar as ruas (centenas de pessoas foram presas em várias províncias), evitar convulsões e derramamentos de sangue, tudo em nome da preservação da ordem social. Segundo eles, a nação brasileira nascera de uma revolução contida e controlada; logo, era necessário mantê-la assim. Segundo uma voz muito influente politicamente à época, a do futuro regente Diogo Feijó (1784-1843), os distúrbios na ordem social tinham "a vantagem de desenganar aos poucos facciosos e anarquistas que ainda nos incomodam, que o brasileiro não foi feito para a desordem, que o seu natural é o da tranquilidade".[33] Distorcendo a realidade e manipulando-a segundo interesses específicos de certos setores sociais, o mito de um Brasil pacífico continuava a ganhar corpo. O ataque do exaltado Cipriano Barata à docilidade brasileira rendeu um texto antológico: diagnóstico pioneiro e resistente de uma parcela do Brasil que jamais se deixou enganar por um de seus mitos de nascença.

> ## UMA VOZ PIONEIRA
> ## CONTRA O MITO DO BRASIL PACÍFICO
>
> "QUE COISA SEJA A DOCILIDADE BRASILEIRA. Docilidade é a boa disposição do homem para se deixar instruir. Gênio ou natureza dócil é aquele que abraça as doutrinas e ensino que se lhe dá. Porém, este termo docilidade aplicado hoje aos Brasileiros tem outro sentido: *dócil* quer dizer crédulo estólido, ou tolo, homem que se contenta com tudo, que deixa ir as coisas por água abaixo, sem reclamar. Também significa pessoa que anda contente, olhando para as fortalezas desarmadas e que sofre calado quantas injustiças lhe querem fazer. *Dócil* é aquele que não se aflige à vista dos males que nos causa a política da Europa e a má-fé do Governo [brasileiro] e o despotismo dos Presidentes (vai a quem pertence) e dos Magistrados. Em uma palavra, *dócil* quer dizer Brasileiro, ovelha manca que trabalha como burro para pagar tributos desnecessários em benefício dos Satélites do Governo."
>
> (Cipriano Barata, "Sentinela da Liberdade na sua Primeira Guarita, a de Pernambuco, onde Hoje Brada Alerta!", n. 10, 20 de setembro de 1834, em *Sentinela da Liberdade e outros escritos*, São Paulo, Edusp, 2008, pp. 888-889.)

Um sintoma dos rearranjos em curso no Estado brasileiro estava no diagnóstico de que o Exército ainda exercia um papel coercitivo muito precário. Durante os tempos coloniais, havia um exército português regular, controlado diretamente pela metrópole, e que poderia atuar junto com milícias (também chamadas de terços auxiliares) e ordenanças, que eram corpos armados pouco treinados, recrutados circunstancialmente na própria colônia somente em caso de necessidade. Em 1831, esse sistema tripartite ainda vigorava no Brasil, com a diferença de que o antigo exército regular *português* vinha se tornando, desde a Independência, *brasileiro*. Outra diferença tinha sido a criação dos juízes de paz, em 1827, que eram autoridades locais com funções de polícia e encarregadas do recrutamento. No agitado contexto que envolveu a Abdicação, e com o Estado brasileiro ainda em construção, a necessidade de reforma do sistema militar se tornou evidente, sobretudo por parte de quem temia pela quebra da ordem social.

O Estado começou a adquirir um papel mais contundente de monopolizador da violência durante o governo da Regência Trina Permanente (1831-1835), em especial sob o ministério da Justiça de Diogo Feijó (até 1832). Feijó era portador de uma agenda politicamente liberal, o que à época significava, dentre outras coisas, promover a consolidação do Estado por meio de políticas descentralizadoras do Poder Executivo, concedendo maior autonomia aos governos provinciais e municipais em relação ao do Rio de Janeiro. Sua gestão diminuiu o efetivo do exército regular para melhor controlá-lo, evitar os frequentes motins militares e acelerar a substituição de militares portugueses por brasileiros. De um efetivo que durante o Primeiro Reinado girava em torno de 18 mil soldados e oficiais (com exceção do período da Guerra da Cisplatina, quando esse número subiu a 37 mil), passou-se a um efetivo de apenas 10 mil. Feijó extinguiu ainda as milícias e ordenanças coloniais e criou em seu lugar, pela lei de 18 de agosto de 1831, a Guarda Nacional, uma força inicialmente organizada por províncias. Especificamente para o policiamento da capital do Império, Feijó criou também o Corpo de Guardas Municipais Permanentes. Em caso de necessidade, as duas forças poderiam atuar conjuntamente com o Exército.

O aparato repressivo cresceu e melhorou, o que acabaria por fortalecer não apenas o Estado, mas também a nação. Por um lado, esse aparato serviria muito bem aos desígnios de defesa das fronteiras externas do Império (que ainda estavam sendo definidas), em um momento em que a nação brasileira buscava afirmar sua presença no cenário internacional diante de outras nações; por outro, exército e guardas desempenhariam um papel de controle das fronteiras internas da nação, zelando pelo bem de uma ordem social que implicava, dentre outras coisas, a repressão a quaisquer conflitos que, de algum modo, expressassem as desigualdades sociais entre os brasileiros, bem como a defesa dos critérios de exclusão de certos grupos em relação à nação.

No Império do Brasil, a afirmação da soberania externa e.o controle da ordem social interna passavam, igualmente, pelo enfrentamento das persistentes pressões britânicas contra o tráfico de escravos. Como vimos anteriormente, já desde 1808, mas sobretudo durante o processo de independência, tais pressões tinham despertado no Brasil um forte sentimento de corporação entre ricos e poderosos comerciantes e senhores de terras escravistas, que aliás os fez convergirem na defesa da separação política entre Brasil e Portugal.

Ao fim do Primeiro Reinado, o governo brasileiro seguiu contornando os compromissos anteriormente assumidos com o britânico, inclusive os mais recentes, decorrentes do reconhecimento diplomático da Independência. O tráfico negreiro continuou em alta. Em 7 de novembro de 1831, a Assembleia Geral do Brasil aprovou uma lei que finalmente aboliu o comércio negreiro transatlântico, declarou livres todos os escravos desembarcados ilegalmente em portos brasileiros e incriminou seus compradores. Embora atentasse contra interesses escravistas fortemente empoderados no país e prejudicasse a arrecadação do Estado, a nova lei fortaleceu a soberania nacional, ao afirmar a competência exclusivamente brasileira no cumprimento das decisões, sem necessidade de intervenção britânica em assuntos que deveriam caber apenas ao Brasil. Com a lei de 1831, o comércio legal de escravos desapareceu, mas o ilegal continuou, e a partir de 1835 até aumentou. Em

1845 o Parlamento britânico aprovou a Bill Aberdeen, que declarou o tráfico de escravos pirataria e previu a captura de navios negreiros até mesmo em portos do Brasil. Os protestos brasileiros em nome da soberania nacional se tornaram ainda mais frequentes, até que a Lei Eusébio de Queirós, de 4 de setembro de 1850, acabou de vez com todo e qualquer comércio de escravos entre a África e o Brasil.[34]

Uma identidade nacional brasileira, que desde os seus primeiros momentos tinha tido na política antiescravista e nas vantagens comerciais britânicas no Brasil uma alteridade fundamental, agora se fortaleceu ainda mais.

Outro rearranjo importante ocorreu ainda sob o governo da Regência Trina Permanente. Aprovado em 12 de agosto de 1834, o Ato Adicional alterou as relações entre o governo central e os governos provinciais, dando a estes maior autonomia política e orçamentária e reforçando o poder decisório de suas assembleias. Pensado como uma típica medida liberal nos moldes da época, o Ato Adicional aumentou as instabilidades na construção do território, pois enfraqueceu o poder central, limitando sua capacidade de decisão e fazendo surgir nas províncias demandas por espaços de autonomia ainda maiores. Uma parcela dessas demandas eclodiria sob a forma de violentas revoltas políticas (voltaremos a elas mais adiante). Algumas dessas revoltas estavam em curso quando Feijó assumiu a regência, em 12 de outubro de 1835, e como sua base de apoio parlamentar era frágil, bem como seu perfil político era pouco afeito às negociações, seu governo foi instável. Feijó renunciou em 19 de setembro de 1837, sendo substituído por Pedro Araújo Lima (1793-1870), um conservador que se empenhou fortemente em debelar as revoltas provinciais e, na contramão da agenda liberal, fortalecer o poder central do Império. Tinha início o chamado Regresso Conservador, que entregaria a maioridade a D. Pedro II em 23 de julho 1840 e que manteria os conservadores no poder até 1844.

O Regresso Conservador encontrou um Brasil com uma economia fortemente assentada na produção exportadora de café (o Brasil era há uma década o maior produtor mundial), tocada principalmente pelas fazendas no Vale do Paraíba, entre Rio de Janeiro, São Paulo e Minas Gerais. A mão de obra dessa produção era baseada na escravidão, e ainda se abastecia do tráfico ilegal de africanos, bem como da reprodução endógena dos escravos. Os clamores pela restauração da ordem social, amplamente atendidos pela regência de Araújo Lima com a violenta repressão às revoltas provinciais, incentivaram a nação brasileira a seguir sua trajetória de identificação com interesses escravocratas e antipopulares. E o Estado brasileiro, duramente desafiado por contestações que vinham de praticamente todos os cantos do país, mais do que nunca se autoconstituía em uma espécie de fiador da paz nacional. Nesse ponto, conservadores e liberais estavam de acordo.

Nos primeiros anos do Império do Brasil, não havia uma política partidária semelhante à atual. Não havia agremiações políticas formais (hoje há 30 partidos registrados no Tribunal Superior Eleitoral), com dirigentes, filiados e programas que as habilitassem a disputar eleições. As escolhas de membros para as instâncias de representação locais, províncias e nacionais eram feitas de acordo com normas que, como vimos anteriormente, prescreviam a participação do conjunto da nação de acordo com critérios socioeconômicos que hoje nos parecem restritivos, e que não agrupavam candidatos em partidos. Quando Araújo Lima assumiu a Regência, havia divergências de posições políticas em torno da concessão de maior ou menor autonomia política e orçamentária às províncias, também em torno do funcionamento do Poder Judiciário. Com base nessas divergências foram se definindo o Partido Conservador, também chamado de Saquarema, e o Partido Liberal, ou Luzia. Ambos, porém, sempre compartilharam de um consenso em torno do papel que o Estado deveria ter como garantidor da ordem social, o que implicava consenso também em torno do caráter escravista e socialmente desigual da nação brasileira.[35]

Em 1844, já sob a batuta imperial de D. Pedro II, os liberais retornaram ao poder e, em 1847, o imperador passou a nomear um Chefe de Gabinete para o comando de cada um de seus ministérios, em uma figura semelhante a um atual primeiro-ministro. Os liberais foram sucedidos por um novo governo em finais de 1848, que deu início a um predomínio conservador que duraria, com algumas oscilações, até 1862. Foi durante esse período que, de acordo com os historiadores Roderick Barman, Thiago Krause e Rodrigo Goyena Soares, um conjunto de novos rearranjos marcou o período final de consolidação do Estado brasileiro, fortalecido ainda com o recentemente bem-sucedido e violento controle sobre as últimas grandes revoltas provinciais. Dentre tais rearranjos podemos mencionar a aprovação da Lei de Terras, em 18 de setembro de 1850, que regulamentou de modo restritivo o usufruto e a propriedade de terras públicas; a já mencionada Lei Eusébio de Queirós, que extinguiu de vez o tráfico negreiro para o Brasil; a promulgação do Código Comercial, em 25 de junho de 1850, que regulamentou instituições financeiras e permitiu que vultosos recursos, agora disponíveis pelo fim da compra dos sempre caros escravos africanos, fossem direcionados para o fortalecimento de bancos e para o fomento à produção cafeeira; e, finalmente, a segunda criação do Banco do Brasil (a primeira tinha sido nos tempos de D. João), em 5 de julho de 1853, ao qual foi concedido o monopólio da emissão da moeda nacional.[36]

Concomitantemente, o Brasil começou a ter uma malha ferroviária, o que permitiria não apenas dinamizar a produção e aumentar a circulação de bens e de pessoas, mas também começar a unir regiões do país ainda pouco ou nada integradas entre si. Esboçada com iniciativas pontuais que remontavam a 1835 e que seriam intensificadas a partir da década de 1850, mas principalmente 1870, a construção de ferrovias no Brasil foi poderoso fator de unificação do território, cuja delimitação de fronteiras com países estrangeiros se intensificou (até ser concluída em começos do século XX). Foi também fator de fortalecimento da própria nação, pois começou a aproximar física e simbolicamente muitos brasileiros que até então pouco ou nada se sentiam como integrantes de uma mesma comunidade.

Essa aproximação entre os brasileiros foi propiciada também por outro fenômeno da maior importância na história de nossa nação: a criação e o desenvolvimento de um sistema educacional. Nos tempos coloniais, não havia no Brasil escolas ou universidades como as que conhecemos hoje. A educação formal estava a cargo de instituições religiosas, corporações de ofício, irmandades e associações filantrópicas, bem como de professores particulares contratados diretamente pelas famílias. Desde fins do século XVIII, essa educação contava com o auxílio de mestres-régios designados pela metrópole. Após a chegada da Corte ao Rio de Janeiro, em 1808, foram criados alguns cursos semelhantes aos superiores.

Essa situação começou a mudar logo após a Independência. A lei de 20 de outubro de 1823 previu a abertura de escolas particulares em todo o Brasil, bem como de aulas particulares que poderiam ser ministradas por pessoas que soubessem ler, escrever, contar e dominassem fundamentos da doutrina cristã. Na Constituição de 1824, a instrução primária passou a ser garantida a todos os *cidadãos brasileiros*, categoria que, como vimos anteriormente, incluía muita gente, mas excluía escravos e indígenas não assimilados. Essa medida foi fundamental na história da nação brasileira, pois atrelou definitivamente conceitos de nacionalidade, cidadania e educação. E, desde então, a nação começou a se difundir como uma referência identitária cada vez mais ampla e poderosa. Pouco depois, foi promulgada a Lei Geral do Ensino do Império do Brasil, de 15 de outubro de 1827, que estabeleceu a criação de escolas primárias em todas as vilas e cidades do Brasil. Previu, além disso, aulas de aritmética, geometria, doutrina cristã e de duas coisas que seriam essenciais para a consolidação da nação: língua portuguesa e História do Brasil. Embora a implementação de escolas primárias e aulas tenha se dado bem aos poucos, elas foram surgindo em todo o país. E ainda em 1827 foram criados os primeiros cursos superiores nacionais: os de Direito, em Olinda e São Paulo.

O Ato Adicional de 1834 regulamentou o ensino público nas províncias, espraiando escolas, aulas e ideias convergentes de nação brasileira. Os primeiros sistemas de educação provinciais foram os de Rio de Janeiro, Minas Gerais, São Paulo, Rio Grande do Sul, Espírito Santo, Maranhão e Mato Grosso. Em 1835 foram criadas as primeiras escolas normais, isto é, dedicadas especificamente à formação de professores, e nessa mesma época surgiram os primeiros estabelecimentos públicos voltados exclusivamente à educação feminina. Em 1837 foi regulamentada a educação primária e secundária no Rio de Janeiro, e entre as décadas de 1840 e 1850 o mesmo ocorreu em muitas províncias do Brasil.

Escravos só puderam começar a frequentar escolas públicas no Brasil a partir de 1879, quando o movimento abolicionista estava a todo vapor. Indígenas brasileiros podiam frequentá-las desde antes, mas foi só a partir de 1910, quando da abertura das primeiras escolas em aldeias, que o Brasil começou a reconhecer as particularidades necessárias ao seu acesso à educação. De início exógena e destruidora das culturas indígenas, essa educação só se tornaria um instrumento de formação e de respeito à diversidade cultural a partir da Constituição de 1988, em um processo ainda em curso.[37]

Durante a maior parte de sua história, a taxa de analfabetismo no Brasil foi muito alta. Entre 1872 e 1890, por exemplo, ela atingia 85% da população (em 2022, 5,6%). Crianças frequentando a escola primária eram apenas 17% (em 2022, 95%), enquanto pessoas com curso superior talvez fossem menos de 0,01% da população (atualmente elas são 21%). Durante o processo de surgimento e consolidação da nação brasileira, entre aproximadamente 1822 e 1850, quase todos os brasileiros eram analfabetos. Isso nos mostra duas coisas. A primeira: alguns dos conteúdos básicos dessa nação que estavam sendo ensinados – História, Geografia, Língua Portuguesa – foram criações de pessoas letradas, oriundas de setores dirigentes e comprometidas com interesses econômicos e políticos específicos. Os artífices iniciais de nossa nação eram, portanto, um grupo numericamente limitado. A segunda: mesmo assim, a consolidação da nação não se limitou a esse pequeno grupo. Sendo o Brasil uma sociedade fortemente oral, os brasileiros foram se tornando brasileiros por ideias e ações que extrapolavam hierarquias sociais e os âmbitos da palavra escrita. Ler era importante, sem dúvida; mas escutar, ouvir dizer, falar e olhar também eram formas decisivas de mobilizar os brasileiros na consolidação da nação. A história da língua portuguesa no Brasil é exemplar: na medida em que foi se tornando uma língua nacional, com a produção erudita de textos didáticos, gramáticas, dicionários e obras de literatura, ela também incorporou palavras, acentos, expressões e modos de falar de origens africanas e indígenas.[38]

Todas essas transformações encontraram respaldo em sentimentos coletivos de pertencimento à nação. Nas províncias, o fim das grandes revoltas sepultou quaisquer projetos de separatismo, definiu melhor as eventualmente confusas distinções entre *brasileiros* e *portugueses*, e derrotou numerosas vozes populares advindas dos grupos tradicionalmente excluídos da nação. No plano internacional, o fim do tráfico negreiro aumentou as animosidades entre *brasileiros* e *britânicos*, que se fariam sentir em outras ocasiões futuras. Por exemplo, na Guerra dos Marimbondos, também conhecida como Ronco da Abelha, ocorrida em Pernambuco, Paraíba, Alagoas e Sergipe entre 1851 e 1852, e que teve início como uma reação de pessoas livres pobres aos rumores de que elas poderiam vir a ser escravizadas.

Com a extinção de normas, leis e outras heranças dos tempos coloniais; o fortalecimento do Estado em sua capacidade reguladora e de governo; a construção, união e parcial delimitação do território; uma melhor definição da soberania da nação; e o espraiamento de uma identidade nacional, o Brasil se tornou – a redundância é apenas aparente – mais brasileiro. A custa de muito sangue, sem dúvida. E de imposições violentas de consensos por sobre muitos e muitos dissensos que vinham de antes e que continuariam a existir.

A seguir, observaremos um pouco melhor essas imposições violentas. Em especial, com as revoltas ocorridas no Brasil entre 1831 e 1849.

GUERRAS INTERNAS E EXTERNAS

O estudo dos episódios de violência política e social ocorridos durante as Regências e parte do Segundo Reinado exige uma precaução, bem identificada pela historiadora Maria de Lourdes Janotti: jamais tomá-los como uma unidade perfeita, como se todos obedecessem mais ou menos aos mesmos propósitos ou apresentassem as mesmas características. Esse risco poderia levar a um errôneo entendimento de que esta foi uma fase excepcionalmente violenta da história do Brasil, uma suposta aberração em meio a uma trajetória geralmente pacífica.[39] Como vimos anteriormente, esse modo de ver as coisas resulta de um mito fundacional da nação brasileira, que à época estava sendo abertamente endossado pelos dirigentes conservadores de nosso país. Não é, portanto, uma interpretação satisfatória da história.

No entanto, quando observados sob o prisma do estudo das origens e da consolidação da nação brasileira, os episódios de violência política e social entre 1831 e 1859 guardam entre si bases comuns. Identificar tais episódios nem sempre é tarefa fácil. Os rearranjos de poder envolvendo Estado imperial, províncias e municípios, bem como o aumento da atuação política de setores socialmente subalternos, criaram um clima de grande efervescência, multiplicando episódios de duração variável e que podiam se misturar uns aos outros. Alguns sequer foram suficientemente estudados pelos historiadores.

A escrita da História por vezes se faz com dados parciais e aproximativos, desde que verdadeiros. Podemos, então, tentar uma identificação preliminar. Endossando trabalhos de vários historiadores, acrescentando-lhes informações e retificações, agrupando certos episódios e incluindo algumas estimativas de mortos (mais de 50 mil!), chegamos a uma identificação de 25 conflitos sérios e violentos ocorridos em nosso país entre 1831 e 1850:

Tabela 1 – Revoltas brasileiras, 1831-18

Datas	Designação comum	Local	Mortos
1831-33	Levantes exaltados e motins militares	Rio de Janeiro, Minas Gerais, Alagoas, Ceará, Pará	No Rio de Janeiro, entre 10 e 20
1831	Setembrada e Novembrada	Pernambuco	Setembrada, c. 300; Novembrada, não houve
1831	Setembrada e Novembrada	Maranhão	Mais de 100
1831-32	Revolta de Pinto Madeira	Ceará	Mais de 400
1831-33	Revoltas Federalistas	Bahia	3
1832	Abrilada	Pernambuco	Entre 16 e 60
1832-35	Cabanada	Pernambuco, Alagoas	Mais de 2.300
1833	Revolta do Ano da Fumaça	Minas Gerais	14
1833	Revolta escrava de Carrancas	Minas Gerais	33
1834-35	Carneiradas	Pernambuco	dados não encontrados
1834	Rusga	Mato Grosso	47
1835	Revolta dos Malês	Bahia	Mais de 70
1835-40	Cabanagem	Pará, Amazonas	c. 30 mil
1835-45	Revolução Farroupilha	Rio Grande do Sul	c. 3.400
1837-38	Sabinada	Bahia	Mais de 1.200
1838	Anselmada	São Paulo	Alguns
1838	Revolta de Manuel Congo	Rio de Janeiro	dados não encontrados

1838-41	Balaiada	Maranhão, Piauí	c. 15 mil
1840	Levante de Sobral	Ceará	dados não encontrados
1842	Revoltas Liberais	São Paulo, Minas Gerais	c. 200
1844	Revolta dos Lisos	Alagoas	c. 40
1844-48	Motim do Fecha-Fecha	Pernambuco	Não houve
1847-48	Motim do Mata-Mata	Pernambuco	5
1848-49	Revolução Praieira	Pernambuco	c. 300
1849	Revolta de escravos do Queimado	Espírito Santo	11

Fontes: Hernâni Donato (1987), Maria de Lourdes Janotti (1991), Thiago Krause e Rodrigo Goyena Soares (2022), e dados passados diretamente ao autor por Ana Prates, Danielly Telles, Marcelo Cheche Galves e Marcos Ferreira de Andrade.

Quais foram as bases comuns desses movimentos? Em primeiro lugar, quase todos mostraram feridas não cicatrizadas de conflitos anteriores, que remontavam ao Primeiro Reinado, à Independência ou até mesmo a tempos coloniais. Em segundo lugar, apresentaram oportunidades de contestação dos rearranjos políticos em curso entre o poder central, as províncias e os municípios, testando os limites da capacidade do Estado (ainda em construção) de impor, pela repressão, uma soberania por todo o território (também em construção). Em terceiro lugar, o fato de que em todos eles, inimigos externos e internos à nação foram inventados, identificados e combatidos, o que não só motivou negociações e conflitos, mas também uma melhor definição dos limites daquela nação brasileira que já existia, mas que ainda não estava consolidada. Finalmente, em quarto lugar, todos esses movimentos puderam ser considerados manifestações contrárias àquela *ordem* social que tinha sido um dos fundamentos da Independência do Brasil, e que agora era mantida como ferramenta de imposição de um projeto político escravocrata e de desigualdades sociais que continuava a se mesclar com uma ideia de *nação brasileira*.

Observemos alguns casos. Logo após a Abdicação, um motim militar eclodiu no Rio de Janeiro, em 12 de julho de 1831. Em meio a variadas reivindicações, alguns de seus defensores, considerados exaltados, elaboraram um documento com 441 assinaturas que pedia ao governo regencial o banimento de 89 pessoas do país, muitos dos quais *portugueses* que não tinham se tornado *brasileiros*. O sentimento antilusitano de anos anteriores continuava atuante em muitas partes do Brasil, exagerando no ódio contra os antigos colonizadores e contribuindo para uma melhor definição da nova nação. O próprio governo regencial elaborou, em 18 de agosto daquele ano, um decreto em que denunciava *portugueses* que estariam falsamente se passando por *cidadãos brasileiros* e ordenava que autoridades civis, militares e eclesiásticas examinassem cuidadosamente os documentos de pessoas nascidas em Portugal, que estrangeiros fossem investigados, e que o representante oficial de Portugal no Rio de Janeiro elaborasse uma listagem de todos os portugueses residentes na cidade. E em 23 de outubro de 1832 foi promulgada uma lei de naturalização, que regulamentava novos critérios para a conversão de estrangeiros em *brasileiros*.[40] Outras medidas semelhantes foram tomadas, e em espaços públicos e privados era cada vez mais comum pessoas se referirem à *nação brasileira* como algo já existente, a ser criado ou defendido, e que de alguma forma influenciava suas vidas.

Ser brasileiro significava *não ser português*, claro. Mas também podia significar, simplesmente, ser contrário aos projetos de retorno de D. Pedro I ao Brasil, projetos estes que, embora nunca tenham sido muito consistentes, sempre pairaram no ar nos meses após a Abdicação. Em fins de 1831, o representante da França no Rio de Janeiro, Charles-Édouard Pointois (1792-1871), escreveu a seu ministro de Negócios Estrangeiros acerca de um projeto que lhe teria sido apresentado por um poderoso senhor de terras de Pernambuco, Antônio Francisco de Paula de Holanda Cavalcanti de Albuquerque, futuro Visconde de Albuquerque (1797-1863). Nele, falava-se na criação de um novo império, o "Império do Amazonas" ou "do Equador", e que incluiria Alagoas, Pernambuco, Paraíba, Rio Grande do Norte, Ceará, Piauí e Maranhão, cabendo à França uma parte dos atuais Pará e Amazonas fronteiriça à Guiana. A secessão não foi adiante, mas era um sintoma do quão profunda poderia ser a oposição ao governo regencial. A Cabanada, ocorrida em Alagoas e Pernambuco em 1832, é uma boa demonstração dessa oposição. Iniciada a partir de disputas locais em torno de poderes políticos provinciais, a revolta saiu do controle dos senhores e acabou por envolver gente pobre, indígenas, escravos e ex-escravos, englobando uma heterogeneidade de expectativas, ações e projetos, inclusive a defesa de um improvável retorno de D. Pedro I ao Brasil, cuja morte em 1834 liquidaria de vez com o que tinha sobrado da revolta.[41]

Ser *brasileiro*, como bem afirmaram os historiadores Thiago Krause e Rodrigo Goyena Soares, podia significar também estar mais próximo do monarca, da corte e do centro de poder do recém-criado Império do Brasil, e daí receber vantagens de todo tipo. Para gente mais pobre, sobretudo para quem tinha na pequena atividade comercial seu principal ganha-pão, podia ainda significar ter que enfrentar a concorrência com comerciantes mais ricos e poderosos, e que em várias cidades do Brasil continuavam a ser portugueses. As animosidades recíprocas resultantes dessa concorrência podiam ser graves, a ponto de a câmara municipal de Óbidos, no Pará, decretar em 22 de abril de 1832 que qualquer pessoa que proferisse insultos e promovesse discórdias e desavenças "contra os nascidos no Brasil, e destes contra os nascidos fora do Império", seria multado e iria para a cadeia, com penas crescentes em caso de reincidência. Mas a balança parecia pender a favor dos brasileiros, e no ano seguinte, tanto Óbidos quanto Santarém trocaram momentaneamente seus nomes tipicamente portugueses para nomes indígenas: respectivamente Pauxis e Tapajós. Por todo o século XIX não foram poucos os brasileiros que procuraram, de alguma maneira, extirpar nomes e hábitos portugueses de sua vida cotidiana.[42]

No Pará, o sentimento antilusitano também esteve presente na terrível e sangrenta Cabanagem, que eclodiu em 1835 e durou cinco anos. Iniciado por uma disputa em torno do governo provincial envolvendo a Corte do Rio de Janeiro, o movimento logo se espraiou, com enfrentamentos entre grupos rivais mobilizando ricos e pobres, brancos, mestiços, negros livres, indígenas e escravos. O sentimento antilusitano não estava no centro da Cabanagem, mas em suas bordas, sob a forma de animosidades contra portugueses que, no Pará, ocupavam cargos públicos, controlavam alguns setores da atividade comercial e eram frequentemente responsabilizados pela alta de preços (a culpabilização de comerciantes portugueses pela inflação continuaria comum no Brasil até os primórdios da República). Em contextos de conflito generalizado como a Cabanagem – que não se resumem a enfrentamentos apenas entre dois ou três grupos, mas envolvem um monte de gente que inclusive pode ir mudando de posição conforme a luta se desenrola –, costuma haver certa convergência contra grupos minoritários que se acabam por se constituir, valendo-nos de uma expressão popular, em "bodes expiatórios". Era o caso dos portugueses do Pará.[43]

Do ponto de vista da consolidação da nação em meio aos trancos e barrancos da época, a Sabinada, ocorrida na Bahia entre novembro de 1837 e março de 1838, oferece um caso semelhante à Cabanagem: disputas entre o poder provincial e central, em uma província marcada por episódios anteriores de violência política e social, agora generalizando-se e envolvendo diversos setores da sociedade (aqui, mais negros e escravos e menos indígenas do que no Pará), que em certos momentos convergiram em sua hostilidade contra os comerciantes portugueses e seus descendentes. Alguns deles seriam expulsos da província. Em seus primeiros dias, o governo rebelde chegou até mesmo a decretar uma "independência da Bahia", revogada quatro dias depois em prol da reafirmação de lealdade ao futuro D. Pedro II. O que isso mostra? Que a essa altura, na Bahia (mas não só lá), esboços de separatismo não pareciam ser capazes de ir adiante, controlados por uma força contrária mais forte: a unidade da nação brasileira que estava se consolidando. E assim, a "independência" da qual os rebeldes passaram a falar tornou-se, majoritariamente, a do Brasil e contra os portugueses, vistos como inimigos do país.[44]

Mais um caso significativo: a Balaiada, ocorrida no Maranhão entre 1838 e 1841, novamente deflagrada a partir de disputas locais potencializadas pelas débeis relações entre o poder provincial e o poder central do Império, e cuja generalização acabou por envolver outros conflitos e ampliar o espectro social dos participantes. Também a Balaiada teve na animosidade de *brasileiros* contra *portugueses* um de seus componentes, o que deu oportunidade para afirmações de lealdade ao Brasil e à nação. Uma das vozes que se expressou nessa direção foi a do vaqueiro Raimundo Gomes Vieira (?-1841), que em 13 de dezembro de 1838 comandou um assalto à cadeia da vila de Manga para libertar companheiros de trabalho que lá estavam detidos. Ao assumir o poder da vila, Vieira deu início à Balaiada, e dois dias depois redigiu um manifesto (na verdade, não temos plena certeza de que ele foi seu autor, ou se alguém que se fez passar por ele). O documento original foi escrito com grafia simples e numerosos erros de português, o que dá um tempero especial à constatação de que, até mesmo em meio à gente do povo, a nação brasileira estava se tornando uma realidade. Falando contra autoridades provinciais, o documento defendia a Constituição do Império, tomava "cidadãos brasileiros" como sinônimo de "amigos da pátria e do sossego público", e decretava a demissão dos portugueses dos empregos públicos e sua expulsão da província dentro de 15 dias, "com exceção dos casados com famílias brasileiras e os de 60 anos para cima". Encerrava com uma afirmação do teor de luta social em curso, bem como de reafirmação dos limites da nação brasileira: "fora feitores e escravos".

UMA EXPRESSÃO DE BRASILIDADE POPULAR NA BALAIADA

"Ilmo. Sr. Capitão Manuel Alves d'Abreu. Vila da Manga, 15 de dezembro de 1838. Como Acho nesta Vila com a Reunião do Povo e bem do socego publico como consta do Art. sigTe. 1) Que seja sustentada a constituição e garantido dos cidadãos. 2) Que seja admitido o Presidente de Provincia e em Tregue o governo Vice-Prezidente. 3) Que seja abolidos os Prefeitos e Subs-Prefeitos, Comissarios ficando som.tes em Vigorar Leis geraes e as Provincias que não forem de em contro a Constituição do Império. 4) Que sejão espulcados empregos portugueses e Dispejarem A Provinsia dentro em 15 dias com exceção dos cazados com familias brasileiras e os de 60 anos para sima.

> Raimundo Gomes Vieira – Comde da Forca armada.
>
> Segeu o Cap. Alberto Gomes Ferreira avizar todos os Cidadoes Brasileiros e amigos da Patria e do sucego Publico para se acharem neste Quartel da forca Armada para o bem do Brazil. Quartel da Forca.
>
> Manga 14 de Dr.o de 1838. Comde da Forca.
>
> Fora feitores e escravos"
>
> (Proclamação atribuída a Raimundo Gomes Vieira. Vila de Manga, 14-15 de dezembro de 1838. Apud Maria de Lourdes M. Janotti, *A Balaiada*, São Paulo, Brasiliense, 1991, pp. 44-45.)

Na Balaiada, seriam frequentes as menções, tanto entre rebeldes como entre seus opositores, à necessidade de união dos "brasileiros pobres" à "pátria" e ao "imperador". Com o avanço da repressão, foi aumentando o uso público de termos como "pacificação", "paz", "prosperidade dos povos" e "santa causa", contra a "guerra civil", os "rebeldes" e o "terror".[45] Como ideia – expressa em palavras de teor identitário e forte apelo emotivo –, mas também como uma comunidade social concreta – controlada pela repressão e unida em defesa da ordem –, a nação brasileira continuou a se fortalecer.

Em 1842, a maioria das grandes rebeliões (com exceção da Farroupilha, que observaremos separadamente mais adiante) já tinha sido controlada. Mesmo assim, reações ao Regresso Conservador viraram guerras civis em duas províncias do Brasil. Foram as chamadas Revoltas Liberais de Minas Gerais e São Paulo. Em nenhuma delas, porém, os enfrentamentos esboçaram qualquer projeto separatista, tampouco apresentaram sentimentos antilusitanos significativos. Elas denunciaram novos rearranjos do Estado imperial, em um contexto em que as diferenças políticas entre conservadores e liberais estavam se aprofundando, sem que isso afetasse, porém, suas

Formação da nação brasileira

convergências: seus representantes eram todos escravistas, defensores de uma ordem social que em termos práticos implicava manter sob controle aqueles mesmos setores populares que, tidos ou não como *cidadãos brasileiros*, tinham perigosamente se manifestado nas grandes rebeliões recém-controladas.[46]

Mesmo com a derrota das Revoltas Liberais em 1842 e da Farroupilha em 1845, essa ordem ainda não estava plenamente assegurada, e mais uma guerra civil estava por vir: a Revolução Praieira, ocorrida em Pernambuco entre 1848 e 1849. Naquela província, que desde 1817 vinha acumulando um histórico de rebeliões (há autores respeitáveis que remontam esse histórico aos séculos XVII e XVIII, o que consideramos um exagero), disputas de poder entre grupos rivais, alguns dos quais associados a tradicionais famílias da região, reverberando diretamente as disputas políticas do cenário nacional, ocasionaram um violento conflito que não se limitou às disputas entre conservadores e liberais. Em Pernambuco, os liberais tinham feições próprias e estavam reunidos no Partido Nacional de Pernambuco, logo chamado de Partido da Praia ou Praieiro porque era na rua da Praia que funcionavam casas, estabelecimentos comerciais e um jornal de propriedade de alguns de seus membros. Na Praieira também se observaram os tradicionais sentimentos antilusitanos; já suas ideias separatistas, muito mal definidas, não conseguiram furar o bloqueio cada vez mais sólido da unidade nacional brasileira. Quando a revolução estava prestes a eclodir, ocorreu um acontecimento significativo, que conhecemos graças à historiadora Izabel Marson: entre novembro de 1847 e maio de 1848, uma resistência conservadora ao governo liberal da província estava se articulando no Engenho de Lages, de propriedade de José Pedro Veloso da Silveira, e uma ameaça se desenhou: segundo os conservadores lá reunidos, a insistência liberal em relação a uma medida específica (a reforma do Senado do Império) seria uma violação à Constituição e acarretaria "o desmoronamento do Império", com a formação de um "novo pacto" entre Pernambuco e as províncias vizinhas. Um "grito de independência" poderia ecoar por toda a província. A ameaça era séria, não chegava a esboçar uma secessão. A independência de que se falava, jamais consumada, seria apenas *administrativa*, não *nacional*. E uma vez jogados para a oposição na província, os praieiros não cansariam de atacar o "despotismo", a "anarquia" e os comerciantes portugueses. Tudo em nome de uma ordem nacional que, em meio à verdadeira guerra que estava em curso, deveria ser mantida a todo custo. Em outra ocasião, estabelecendo uma diferença com os liberais revoltosos de Minas Gerais e São Paulo derrotados em 1842, os praieiros afirmaram, em defesa D. Pedro II e da monarquia: "a oposição de Pernambuco detesta revoluções, que sempre trazem terríveis consequências", pois "somos inimigos tanto do despotismo como da anarquia".[47]

Com o término da Revolução Praieira em 1849, podemos afirmar: o Estado brasileiro, criado em 1822, finalmente estava consolidado. E, junto com ele, seguindo um caminho próprio, mas sempre se confundindo com o caminho do Estado, também estava praticamente consolidada a nação brasileira.[48] Desde então, e até os nossos dias, o Estado, a nação e a identidade nacional brasileira não cessariam de se transformar, de protagonizar disputas e de unir, dividir para tornar a unir brasileiros e brasileiras em uma mesma comunidade. Uma comunidade heterogênea, violenta, mas firme.

Mais um aspecto internacional dessa história precisa ser destacado. Vimos no capítulo anterior que, entre 1825 e 1828, o Brasil recém-independente passou por sua primeira guerra externa, a Guerra da Cisplatina. Naquela ocasião, o conflito foi um importante fator de desenvolvimento inicial da nação e da identidade nacional. Pouco depois, o envolvimento do Império do Brasil em duas novas guerras internacionais ofereceria a garantia de que a nação brasileira já estava bem consolidada, sem qualquer sinal de outra nação em seu interior que pudesse provocar uma secessão: as campanhas contra a Confederação Argentina (1851-1852), nas quais o Brasil se aliou vitoriosamente aos governos do Uruguai, Entre Ríos e Corrientes; e a Guerra do Paraguai, também chamada de Guerra da Tríplice Aliança (1864-1870), na qual a aliança do Império com a Argentina e o Uruguai derrotou o Paraguai.

Nos dois casos, fazer a guerra significou, para o Brasil, ser mais uma vez reconhecido como um Estado e uma nação soberanos tanto por seus aliados quanto por seus adversários, de acordo com as regras formais e informais do sistema internacional da época. Significou também, e de novo, identificar inimigos externos e, momentaneamente, exacerbar uma identidade nacional em direção a um nacionalismo brasileiro; isto é, a uma mobilização em defesa da nação que estaria sendo ameaçada em sua existência por inimigos externos. No caso da Guerra do Paraguai, pela primeira vez em sua história o Império do Brasil se envolvia em uma guerra na qual a maior parte de seus soldados e oficiais não era composta por mercenários, mas sim por brasileiros, muitos dos quais lutaram imbuídos de um sentimento de que o faziam não apenas ou principalmente por dinheiro, mas sim por dever patriótico (a pátria, no caso, era a própria nação). Nos primeiros meses do enfrentamento, muitos brasileiros se alistaram espontaneamente, coisa até então raríssima.

A Guerra do Paraguai, um longo, árduo e sangrento conflito que deixou cerca de 450 mil mortos, fortaleceu o exército nacional como uma instituição que, para muitos brasileiros, passara a ser mais legítima do que a própria monarquia. A guerra levou o Império do Brasil a começar a libertar escravos que pegassem em armas contra o inimigo externo, o que não apenas endossou o crescente movimento abolicionista, como também, de certo modo, pavimentou o caminho para que, em breve, todos os escravos, uma vez tornados livres, integrassem aquela nação brasileira que até então os excluíra. Isso, porém, ainda levaria algum tempo. Só se completaria quando o regime republicano, cada vez mais defendido no Brasil, se instaurasse e, com ele, reformulasse significativamente aquela nação até então monárquica, desigual e escravista.[49] Mesmo assim ela continuaria a ser *brasileira*.

A história de uma nação, bem como qualquer história digna de ser contada, jamais se restringe a um indivíduo, tampouco deve a ele suas determinações fundamentais. Toda história é sempre resultado de forças individuais agindo coletivamente, de condições de pensamento e ação dadas pela posição de uma sociedade em sua época. Os exageros no peso de indivíduos especiais, heroicos, predestinados e à frente de seu tempo, supostamente capazes de praticamente sozinhos "fazer a história", sempre serviram muito bem à invenção de mitos nacionais. Atualmente, tais exageros também servem para atenuar nossas frustrações em uma sociedade cada vez mais individualista, que nos impõe a necessidade de que descarreguemos essas frustrações em algum lugar, mesmo que em um lugar simbólico. Mas os exageros no peso dos indivíduos jamais servirão para explicar a história.

Muitos indivíduos protagonizaram a história dos episódios de violência política e social aqui observados. Muitos mais são aqueles que de algum modo contribuíram, querendo ou não, para a formação e consolidação do Estado e da nação brasileiros. Não devemos, portanto, conferir a ninguém um papel especial. Luiz Alves de Lima e Silva (1803-1880), agraciado em 1869 com o título imperial de Duque de Caxias, foi apenas mais um desses indivíduos. No entanto, sua vida e atuação representam muito bem a história que aqui estamos contando. Oriundo de uma família militar em ascensão durante o processo de Independência do Brasil, e filho de um militar que combateu a Confederação do Equador e foi um dos regentes do Império, Luiz Alves de Lima e Silva foi chefe das forças repressoras bem-sucedidas primeiro na Balaiada, depois nas revoltas liberais de Minas Gerais e São Paulo e na Farroupilha, até encerrar sua carreira como comandante do Exército Brasileiro na Guerra do Paraguai. A história de Lima e Silva – em sua época chamado de *pacificador do Brasil* – se mistura com a da consolidação da nação brasileira no século XIX, entendida essa nação como uma comunidade ordeira, politicamente conservadora, socialmente escravista e desigual.

Tendo herdado o nome de seu título de uma cidade do Maranhão da Balaiada, Caxias depois viraria cidade no Rio Grande do Sul (Caxias do Sul) e no Rio de Janeiro (Duque de Caxias), centenas de monumentos, ruas, avenidas e praças em todo o país, além de símbolo máximo do Exército Nacional brasileiro. Tudo isso porque o principal papel do "homem por trás do monumento", como o chamou a historiadora Adriana Barreto de Souza, talvez tenha sido o de personificar um mito nacional brasileiro: o de uma nação cuja história teria sido escrita pela paz e pelo entendimento.[50] Mesmo que, em realidade, ela tenha sido escrita, na mesma medida, pela guerra e pela violência.

NAÇÃO RIO-GRANDENSE
E OUTROS SEPARATISMOS

A Revolução Farroupilha (1835-1845) apresentou uma tendência separatista excepcional na história das origens e consolidação da nação brasileira. Por isso, ela merece um tratamento à parte.

O separatismo da Farroupilha foi apenas uma tendência, um de seus muitos aspectos, mas não a sua tônica dominante. Hoje sabemos que esse separatismo foi sério, mas menos importante do que as outras tendências presentes no movimento que pregavam a manutenção, parcialmente modificada, do Rio Grande como parte do Império do Brasil. A Farroupilha apresentou marcas advindas de características históricas, geográficas, culturais, políticas e econômicas próprias daquela província na primeira metade do século XIX, assim como de suas profundas relações com outros Estados, governos e regiões sul-americanos a ela fronteiriços. A revolta foi uma radical e violenta reivindicação de maior autonomia política, comercial e tributária para o Rio Grande do Sul, tocada principalmente por ricos proprietários de terras, mas envolvendo outros setores da sociedade provincial. Suas lideranças entendiam que o constitucionalismo e o liberalismo que fundaram o Estado brasileiro tinham sido traídos com a Abdicação e os governos regenciais; por isso, reivindicavam a retomada de uma situação política supostamente perdida, não a criação de uma inteiramente nova.[51] No entanto, ao observarmos o problema das origens e consolidação da nação brasileira, o separatismo farroupilha ganha relevo.

Quando a revolução já tinha se iniciado, uma de suas divisões internas levou à proclamação, em 11 de setembro de 1836, da República de Piratini. Semanas depois, Bento

Gonçalves (1788-1847) foi escolhido presidente, mas, impedido de governar por estar preso, foi substituído por José Gomes Jardim (1773-1854). E em 1839, por influência dos acontecimentos farroupilhas, uma república chegou a ser criada em Santa Catarina, a República Juliana, que durou apenas poucos dias. Já o governo republicano rio-grandense funcionou por vários anos, mudando frequentemente de capital, e teve até projeto de Constituição, ministério e bandeira. Mas sua relação com o Império do Brasil sempre foi conflituosa e ambígua. Frequentemente, os farroupilhas afirmavam que eram leais a D. Pedro II, mas enfrentavam forças militares do Rio de Janeiro. Em uma sessão do parlamento imperial de 1837, um dos deputados da Bahia, Antônio Ferreira França (1771-1848), chegou a propor que os revoltosos pudessem escolher livremente se queriam permanecer como parte do Império ou se separar, mas ao que parece não foi levado a sério por ninguém.

A república não era unanimidade sequer entre os farroupilhas, e seu governo cobria apenas uma parte do território do Rio Grande do Sul. Mesmo assim, em 8 de fevereiro de 1843 foi aprovado um projeto de Constituição para a República Rio-grandense (igualmente chamada de República do Rio Grande), na cidade de Alegrete, que falou expressamente em nome do *povo da República Rio-grandense* e de *cidadãos rio-grandenses* que formariam *uma nação livre e independente*. O território da República corresponderia ao da província do Rio Grande à época da Independência, sendo que as regiões agora controladas pelo Império se juntariam ao restante depois. Os critérios de inclusão nessa nova nação seriam semelhantes aos da nação brasileira com a qual ela estaria rompendo: *homens livres nascidos no território da República*, ou que a ela aderissem (além de estrangeiros, sob certos critérios específicos). Nada de escravos, nada de indígenas não assimilados. Os critérios de participação nas eleições também eram semelhantes aos do Império; porém, além de excluir gente por uma faixa de renda, a Constituição rio-grandense deixava de fora ex-escravos (artigo 94) que, como vimos anteriormente, podiam votar no Império do Brasil. Em várias ocasiões os farroupilhas ofereceram liberdade aos escravos que pegassem em armas a favor da revolução (todos os combatentes foram libertados após o seu término), mas igualdade de direitos civis parecia demais. Um dos membros da constituinte rio-grandense, o pardo José Mariano de Mattos (1801-1866) chegou a sugerir a abolição geral da escravidão, mas a proposta não foi adiante.[52]

Caso tivesse vingado, não há nenhuma dúvida de que a República Rio-grandense teria provocado uma secessão no Brasil, criando uma nação, uma identidade nacional, um Estado e um território inteiramente novos. Só que não foi assim. E, como já afirmamos, essa secessão jamais foi uma tendência dominante na Farroupilha, apenas a expressão de uma de suas muitas possibilidades não concretizadas. Em 1º de março de 1845, no acampamento Carolina, em Poncho Verde, foi selado um tratado de paz entre os farroupilhas e o Império do Brasil, encerrando a revolução.

O estudo da história jamais deve se limitar ao estudo de suas vitórias. Para entendermos o passado e o presente, é necessário considerar o conjunto das forças sociais, as vozes concordantes e divergentes, os fortes e os fracos, os vitoriosos e os derrotados. O estudo da história deve colocar o historiador, na medida do possível (pois em última instância isso é impossível), dentro do contexto, em meio às pessoas, lado a lado dos acontecimentos, como se ele estivesse lá no passado. Repitamos: a Revolução Farroupilha não foi um movimento totalmente separatista, de secessão nacional. Mas a porcentagem dela que o foi é digna de nota, pois nos ajuda a entender por que no Brasil daquela época era possível alguém pensar em criar uma nação não brasileira, assim como as dificuldades que tornavam essa criação quase impossível.

Primeiro, as possibilidades. A Farroupilha ocorreu em uma região de fronteira entre territórios portugueses e espanhóis. Durante a época colonial, súditos de um e de outro Império frequentemente estabeleciam embates, mas também relações comerciais e familiares, compartilhavam terras e riquezas. Com os processos de independência do Brasil e da América espanhola, fortemente integrados entre si, a região do Rio da Prata se constituiu em um enorme caldeirão de influências recíprocas envolvendo o Rio Grande do Sul e a Banda Oriental (futuro Uruguai), em um contexto que, como vimos anteriormente, levou à Guerra da Cisplatina, entre 1825 e 1828. Quando a Farroupilha teve início, em 1835, esses contatos eram muito vivos (o são até hoje), os novos Estados republicanos surgidos da parte espanhola da fronteira eram bastante instáveis, e alguns de seus líderes políticos passaram a negociar diretamente com os farroupilhas. A República Oriental do Uruguai estava em processo de consolidação, permeável à influência do Império do Brasil, e a Confederação Argentina tinha uma relação de conflito aberto com províncias como as de Entre Ríos e Corrientes. O Império do Brasil também era instável, e ainda buscava construir uma relação sólida entre seu governo central e as demais províncias.[53] Portanto, se em 1835 havia algum lugar do Brasil favorável a alguma ideia separatista, esse lugar era o Rio Grande do Sul.

Segundo, as dificuldades. A mesma instabilidade política generalizada, típica da aurora dos novos Estados nacionais americanos pós-independências, e que favorecia o desenvolvimento de sentimentos e projetos separatistas, limitava a ação dos farrapos, impedindo-lhes de constituir um bloco político coeso. Desde o início da revolução, suas divisões foram muitas. A República e a Constituição jamais se afirmaram por sobre a identidade *brasileira* que, a despeito do caráter contestador do movimento, estava cada vez mais se estabelecendo entre seus participantes, pelo menos entre suas lideranças. Isso não é de se surpreender. Com frequência, momentos de crise são momentos de tomadas de decisão. Se algo não vai bem na ordem das coisas e necessita de uma reação – por exemplo, com uma intervenção política contundente –, o próprio desenvolvimento dessa reação pode provocar recuos. Até que ponto uma revolução deve revolucionar a realidade? Até que ponto vale a pena transformar a realidade? São perguntas que frequentemente os protagonistas das revoluções fazem, mesmo que nem sempre tenham clareza daquilo que estão fazendo. Os farroupilhas tiveram ocasiões para se afastar da nação brasileira, e muitas mais para dela se aproximar.

A cúpula dirigente do Império do Brasil soube lidar bem com a arma que a consolidação da nação brasileira oferecia contra os farroupilhas. Em 1842, o comandante militar imperial Luiz Alves de Lima e Silva – ainda com o título de Barão de Caxias – recebeu do governo central a ordem expressa para jamais cruzar, em perseguição e combate aos rebeldes, as fronteiras do Brasil com outros países; caso os rebeldes as cruzassem, Caxias deveria dirigir-se aos respectivos governos, solicitando o desarmamento dos invasores. Era uma forma clara de fortalecer, via reconhecimento internacional, a soberania do Império e enfraquecer a eventual soberania dos farroupilhas. Pouco depois, em 9 de novembro de 1842, ao tomar posse do governo de Rio Grande com a missão de derrotar a revolução, o hábil Caxias se dirigiu publicamente aos *rio-grandenses* buscando associá-los com o *imperador*, a *constituição* e a *paz*. Era uma tentativa de lembrá-los de sua nacionalidade, e de reforçar sua condição de *brasileiros*.

Como nos mostra a historiadora Adriana Barreto de Souza, nas negociações de paz entre revolucionários e dirigentes imperiais ocorridas a partir de 1843, muitas vezes obscuras e pouco documentadas, os farroupilhas Bento Gonçalves e David Canabarro (1796-1867) propuseram a Caxias a criação de uma confederação que unisse o Rio Grande do Sul ao Uruguai e a Corrientes, projeto difícil de ser aceito por um brasileiro convicto. Em 13 de novembro do mesmo ano, os farroupilhas encarregaram a Vicente da Fontoura (1807-1860) de negociar a paz diretamente no Rio de Janeiro, instruindo-o a tratar da junção da "grande família brasileira" para "impor um dique formidável ao estrangeiro audaz que pretende fulminar a ruína desta terra e do Brasil inteiro". No entanto, em 15 de dezembro, já na Corte, Fontoura se recusou a participar da cerimônia de curvar-se diante do imperador e beijar-lhe a mão. Em contrapartida, os negociadores do Império do Brasil jamais trataram as negociações como estabelecidas entre duas partes iguais, e mesmo os 12 artigos do acordo de Poncho Verde, que selaram o fim de conflito, embora tenham sido aprovados pelo Império, foram assinados apenas pelos farroupilhas, e não foram divulgados publicamente. Os dirigentes imperiais nunca reconheceram formalmente o governo farroupilha – menos ainda a República Rio-grandense – e sempre trataram seus participantes como rebeldes a serem anistiados e perdoados. Trataram-nos, também, como *brasileiros*, e não como *rio-grandenses*.[54]

A brasilidade dos farroupilhas, porém, teria que ser reforçada, mesmo em tempos de paz. Seu separatismo, embora minoritário, tinha sido sério. Por isso, na proclamação em que anunciava o fim da revolução, Caxias não economizou nas palavras. Dirigindo-se agora aos *rio-grandenses*, tratou-os como *irmãos* e *brasileiros*, anunciou o fim da *guerra civil*, o *esquecimento do passado* e uma nova era de *união e tranquilidade* sob o *legítimo governo do império brasileiro* comandado pelo *monarca brasileiro*. Encerrou dando vivas à *religião*, ao *imperador constitucional e defensor perpétuo do Brasil* e à *integridade do Império*.

NACIONALIZAR DE VEZ O RIO GRANDE DO SUL

"Rio-grandenses! É sem dúvida para mim de inexplicável prazer o ter de anunciar-vos que a guerra civil que por mais de nove anos devastou essa bela província está terminada.

Os irmãos contra quem combatíamos estão hoje congratulados conosco, e já obedecem ao legítimo governo do império brasileiro. Sua Majestade o Imperador ordenou por decreto de 18 de dezembro de 1844 o esquecimento do passado e mui positivamente recomenda no mesmo decreto que tais brasileiros não sejam judicialmente nem por outra qualquer maneira inquietados pelos atos que tenham sido praticados durante o tempo da revolução. Esta magnânima deliberação do monarca brasileiro há de ser religiosamente cumprida. Eu o prometo sob minha palavra de honra. Uma só vontade nos una, rio-grandenses, maldição eterna a quem se recordar das nossas dissensões. União e tranquilidade sejam de hoje em diante nossa divisa. Viva a religião, viva o imperador constitucional e defensor perpétuo do Brasil. Viva a integridade do império."

(Proclamação do Barão de Caxias aos rio-grandenses, 1º de março de 1845. Apud Adriana Barreto de Souza, *Duque de Caxias*, Rio de Janeiro, Civilização Brasileira, 2008, p. 529.)

No dia seguinte à proclamação, David Canabarro e seus seguidores reconheceram o governo de Caxias.

Nas duas proclamações em que anunciavam o fim da guerra (ambas de 28 de fevereiro de 1845), os farroupilhas seguiam a mesma toada. Em uma, afirmaram que os rio-grandenses possuíam *corações brasileiros* e eram portadores da glória de sacrificar os ressentimentos anteriores *ao bem geral do Brasil*. Na segunda, disseram que o Império do Brasil estava se reunindo *ao grêmio da grande família brasileira de que todos descendemos*. Por fim, pediram que todos os que lessem a proclamação repetissem: *somos outra vez brasileiros*.

No final de 1845, D. Pedro II visitou pessoalmente a agora pacificada província, percorrendo várias de suas cidades e, simbolicamente, "costurando" a brasilidade por aqueles lados. Outrora ameaçada, a nação brasileira saiu do conflito fortalecida.[55]

A história posterior do Brasil conheceria, após a Farroupilha, outras manifestações separatistas. Nenhuma delas, porém, teria consistência: sempre foram ideias soltas e colaterais a outras ideias e ações políticas mais elaboradas, ou apenas exercícios retóricos e emotivos que lograram obter apoio de indivíduos ou grupos sem expressão. Foi assim com o separatismo paulista republicano de cafeicultores queixosos de sua pouca representatividade política na década de 1870, e que rendeu o bizarro livro de Alberto Salles, *A pátria paulista* (1887); ou então o também paulista separatismo que deu as caras no meio da Revolução de 1932 e do qual até hoje há gente saudosa. Ou ainda a fala de 2023 do governador de Minas Gerais, Romeu Zema, em defesa de uma maior arrecadação por parte de alguns estados do Brasil em meio à reforma tributária que o governo federal estava tentando implementar. Neste último caso, a forte reação contrária isolou politicamente o governador. Nas redes sociais, sua posição foi claramente saudada e apoiada como separatista por dezenas de milhares de usuários. Nenhum deles, porém, mostrou-se capaz de elaborar qualquer ideia ou ação consistente nessa direção.

FIM DO IMPÉRIO E A NAÇÃO BRASILEIRA: VARIAÇÕES SOBRE UM MESMO TEMA

Por volta de 1850, o Império do Brasil estava, nos dizeres de seus dirigentes conservadores, pacificado. A ordem por eles almejada havia sido satisfatoriamente alcançada e supostamente estava sob a proteção do imperador e da Constituição. O Estado controlava a violência legitimada e suas instituições funcionavam bem, espraiando sua autoridade por um vasto e unido território que era como um chão seguro para a existência da nação brasileira. Uma nação consolidada, internacionalmente reconhecida, e que ninguém mais contestaria ser brasileira. Desde suas origens, como bem afirmam Krause e Goyena Soares, versões da nação brasileira transitaram entre tendências monárquicas, republicanas, escravistas, antiescravistas, centralistas, descentralizadoras, aristocráticas, democráticas, constitucionais, populares, e até mesmo, como vimos, separatistas.[56] A versão dominante da nação, no entanto, soube convergir em torno de alguns desses valores, derrotando ou acomodando os demais e, com isso, fortalecendo-se não apenas como um projeto, mas como uma comunidade efetivamente real e funcional.

Em 1872, o primeiro recenseamento oficial da história do Brasil contou quase 9 milhões e 500 mil pessoas a integrarem a nação. Dela continuavam de fora indígenas não assimilados e escravos. Os primeiros não foram contabilizados; os segundos somavam aproximadamente 1 milhão e 500 mil indivíduos.[57]

Logo essa situação sofreria uma grande transformação. O movimento abolicionista ganhou corpo no Brasil a partir de 1868, e a escravidão foi sendo substituída por mão de obra livre (brasileira e imigrante). A Lei do Ventre Livre (28 de setembro de 1871), a Lei dos Sexagenários (28 de setembro de

1885) e outras medidas que desembocaram na Lei Áurea (13 de maio de 1888), que finalmente extinguiu a escravidão no Brasil, foram apenas algumas etapas de um processo parcialmente conduzido por grupos dirigentes imperiais que advogaram pela necessidade de uma administração gradual da abolição para evitar desajustes econômicos e a subversão da ordem social. Ao passo em que essa abolição gradual foi se fazendo, a pressão contrária à escravidão cresceu, inclusive por parte de setores populares que deram ao Abolicionismo o caráter de um poderoso movimento social nacional.[58] Dizemos *nacional* porque todos sabiam que seu triunfo obrigaria a uma revisão dos critérios de inclusão e exclusão que até então tinham definido a nação brasileira.

Com o fim da escravidão, a nação brasileira cresceu de tamanho. Em apenas 18 anos ela aumentou 69%, atingindo em 1890 a estimativa de 14 milhões e 400 mil pessoas.[59] O que não significa necessariamente que a vida da maioria dos brasileiros, ou mesmo a dos novos incluídos na nação, tenha melhorado.

Uma parte das posições abolicionistas tinha partido da ideia de que a escravidão era um mal necessário, uma espécie de estágio intermediário entre a barbárie e a civilização, mas que precisava ser respeitado em nome do desenvolvimento controlado da economia e de uma transição cautelosa e segura para o trabalho livre. Outras posições semelhantes enfatizavam que o escravo era bárbaro e que, como a escravidão supostamente os civilizava, ela estava preparando-o para ingressar no corpo da nação. Em meio a tais ideias – que hoje nos parecem absurdas, mas que gozavam de aceitação no Brasil do século XIX –, muita gente entendia que a escravidão era apenas um aspecto residual da sociedade brasileira, jamais uma de suas características essenciais.[60] Afinal, se o Brasil era uma nação pacífica, como a violência e a exclusão acarretadas pela escravidão poderiam ser algumas de suas marcas essenciais?

As variações no mito do Brasil pacífico não seriam capazes de acobertar a herança escravista da nação brasileira, mesmo após a abolição em 1888. O fim da escravidão ampliou subitamente o número de pessoas com direitos políticos, mas cuja condição social rebaixada nem sempre corresponderia a uma real possibilidade de exercê-los. Continuariam, em sua imensa maioria, a ser pobres. Além disso, uma lei de 1881 proibiu o voto aos analfabetos, uma restrição que só seria revisada mais de 100 anos depois (em 1985). Os novos *brasileiros* egressos do cativeiro, não devidamente contemplados por políticas que apoiassem sua inclusão na nação, sofreriam os estigmas acarretados pela longeva e persistente associação entre cor de pele negra e trabalho socialmente degradante.[61] O racismo, de início um subproduto das estruturas socioeconômicas escravistas coloniais e nacionais, se tornaria a partir de então, ele mesmo, uma estrutura cultural (voltaremos a esse ponto no capítulo "Excluídos e incluídos da nação").

A República, proclamada em 15 de novembro de 1889 por meio de um golpe militar, inaugurou um tipo de ação que se tornaria frequente na história do Brasil: a tomada antidemocrática do poder (isso ocorreria também em 1930, 1937 e 1964; fracassando em ocasiões como 1935, 1938, 1955 e 2023). Inaugurou também uma nova fase de transformações naquela nação brasileira já consolidada. Se a escravidão já se fora, agora era a vez da monarquia. Nesse contexto, uma identidade muito em voga à época da Independência foi reeditada: a que associava *brasileiros* com *americanos*. No Manifesto do Partido Republicano de 1870, por exemplo, lia-se: "somos da América e queremos ser americanos".[62] Mesclando a abolição da escravidão com a defesa da república, a identidade americano-brasileira afirmava que tornar o Brasil republicano seria uma forma de integrá-lo plenamente a um continente formado por repúblicas, no qual o Brasil deixaria de ser uma exceção para se converter em um ajustado e coerente vizinho; prevenir-se-iam, portanto, as guerras com os demais governos americanos. O mito de uma nação pacífica continuava a se afirmar; mesmo que, nessa nova versão republicana, ele estivesse sendo reforçado por... um golpe militar!

Nessa e em outras versões republicanas, a nação continuaria a se afirmar dentro dos limites daquela brasilidade criada anteriormente. Um bom exemplo: uma profecia atribuída a Antônio Conselheiro (1830-1897), o líder político e religioso de Canudos, na Bahia, dizia: "em verdade, vos digo, quando as nações brigam com as nações, o Brasil com o Brasil, a Inglaterra com a Inglaterra, a Prússia com a Prússia, das ondas do mar D. Sebastião sairá com todo o seu exército".[63] De nada adiantou essa peculiar manifestação religiosa do mito do Brasil pacífico, que via em um antigo rei de Portugal desaparecido há 300 anos o garantidor do fim das guerras e do triunfo da paz: tendo provocado pânico na opinião pública nacional, visto como uma verdadeira ameaça – inclusive monarquista – ao novo regime, o arraial terminou dizimado pelo Exército nacional brasileiro em 1897, deixando cerca de 25 mil mortos.

Americana, não mais escravista nem monárquica, a nação brasileira republicana continuou a ser violenta, excludente, socialmente desigual e cada vez mais racista. Desejoso de apoio social, o regime republicano precisou inventar novos conteúdos para essa nação brasileira, que se somaram a outros mais antigos. Analisaremos alguns deles no próximo capítulo.

A nação brasileira como uma comunidade imaginada

MITOS, MEMÓRIAS E SÍMBOLOS NACIONAIS

Ao nos acompanhar pelas páginas deste livro, o leitor já deve ter compreendido que uma nação não é algo natural. Ela é sempre pensada, eventualmente criada, em épocas e lugares específicos, para atender aos anseios de pessoas que, por diversos motivos, sentem a necessidade de viver como uma nação. Uma nação é, nos dizeres de Benedict Anderson, uma *comunidade imaginada*. Mas atenção: não uma comunidade *imaginária*, mas *imaginada*. A diferença? É que uma nação será imaginária se ela for simplesmente pensada, sem existir de fato; mas uma vez que ela comece a existir, e para que possa funcionar e se perpetuar, ela precisará ser regularmente imaginada: uma nação sempre tem algo de artificial, de inventado, de arbitrário, e por isso ela necessita de constante endosso. Principalmente em suas origens. Depois, com o tempo, se ela consegue passar de uma ideia a uma prática, e se consolida como uma comunidade real, ela pode até dar a falsa impressão de que sempre existiu, ou que existe desde tempos imemoriais.[64] É justamente por sua dose de arbitrariedade que a nação precisa se impor e convencer seus membros de que ela faz algum sentido. Ela precisa ser *imaginada* sempre.

Os sentidos de uma nação também são inventados. Para sustentar sua criação e viabilizar sua consolidação, alguns membros da nação elaboram mitos de origem, selecionam memórias coletivas e criam e alteram símbolos que, no dia a dia, funcionam como dispositivos de reforço da nação. É na história desses dispositivos que se encontram boa parte das variações, das disputas e das convergências em torno do que foi, é e deve ser uma nação. Uma questão que nem sempre importa igualmente a todos os seus membros, mas que, de alguma forma, diz respeito a todos eles.

Variações, convergências e disputas ocorrem com todas as nações. O caso brasileiro apresenta características próprias que nos ajudam a entender por que essa nação tem se mostrado tão forte e coesa ao longo de sua existência, a despeito da enorme pluralidade e violência que sempre a marcaram.

Na criação, consolidação e variação das nações como comunidades imaginadas, os Estados têm se mostrado decisivos por três motivos. Em primeiro lugar, porque as nações modernas, diferentemente das nações antigas, se originam em aspirações por organizações políticas abrangentes e poderosas que, uma vez desenvolvidas, podem se tornar Estados. Quase todas as nações que ainda não têm Estados querem tê-los. Por isso, os Estados se tornam agentes privilegiados na dinâmica simbólica das suas respectivas nações. Inclusive porque, como nos lembra o sociólogo Pierre Bourdieu, os Estados também dependem de símbolos para funcionarem e exercerem seu poder sobre a sociedade. São, então, especialistas na matéria.[65] Em segundo lugar, os Estados são fundamentais para as nações porque no mundo moderno poucas formas de organização coletiva têm se mostrado tão abrangentes, poderosas e normativas quanto os Estados, o que implica que, com variável grau de acordo com cada caso, eles têm capacidade ímpar de influenciar direta e indiretamente a vida dos membros de uma nação, inclusive fortalecendo-a de acordo com os interesses de quem ocupa e controla os Estados. Finalmente, em terceiro lugar, porque um Estado é, como a própria nação, uma realidade em permanente disputa, um espaço de ação imprescindível para a defesa de interesses sociais particulares. Para viabilizar tais interesses particulares, nada melhor do que apresentá-los sob o disfarce de interesses nacionais, tarefa na qual a manipulação de mitos, memórias e símbolos será muito útil.

Uma nação, portanto, não deve ser vivida apenas por algumas poucas pessoas. Ela deve ser constantemente pensada e praticada por todos os seus membros, ainda que isso demore algum tempo para acontecer, e aconteça por motivos e em momentos diferentes. Os meios, porém, precisam ser mais ou menos os mesmos.

Nas páginas anteriores, apresentamos um de nossos mitos de origem: o de uma nação pacífica, formada por brasileiros conciliadores e afáveis e com uma história não violenta. Neste capítulo, abordaremos a história de alguns outros mitos, e também de memórias e símbolos nacionais. E já que falaremos dessas três coisas, tratemos de defini-las.

Por *mitos nacionais* entendemos narrativas do passado parcialmente distorcidas, exageradas, altamente seletivas e em boa medida inventadas, e que ao darem à nação um ponto de partida, não querem explicar suas origens, mas justificar sua existência. Quando um mito fornece à nação um ponto de partida que se transforma em uma espécie de essência, ele fornece igualmente coesão, ou bons pretextos para que ela se mantenha unida. Um mito, porém, não pode ser completamente inventado, surreal; caso contrário, ninguém nele acreditará (se bem que no mundo de hoje a imaginação anda solta...). Para que funcione bem, um mito nacional deve mesclar componentes ficcionais e históricos, de modo que seja, senão *verdadeiro*, pelo menos acreditável, *verossímil*. Seus componentes – acontecimentos, personagens, datas, lugares – precisam de algum grau de aproximação com a realidade e devem ser didáticos e sedutores para que os membros da nação os assimilem e sejam convencidos a neles acreditar. A prioridade de um mito não é o passado, mas o presente e o futuro. E uma nação costuma ter não um, mas vários mitos de origem.[66]

Nos mitos nacionais, a mescla entre verdade e verossimilhança se beneficia do fato de que não existe nenhuma abordagem do mundo que seja absolutamente infalível: apenas abordagens que, por serem objetivas e metodologicamente construídas, são suficientes para explicá-lo. É nesse pequeno e controlado espaço de subjetividade que os mitos se mesclam com a escrita da História, valendo-se dela para ganhar adeptos.

Já uma *memória nacional* é um conjunto de lembranças compartilhadas e consideradas uma espécie de patrimônio coletivo da nação. Mas para que as pessoas "lembrem" dessas lembranças, não é necessário tê-las vivido: basta que elas sejam transmitidas, e que quem as recebe aceite que tais lembranças lhe tocam, pertencem e inspiram. A exemplo dos mitos, memórias nacionais são distorcidas, exageradas, seletivas e em grande parte inventadas, mas também precisam ter algum pé na realidade. As lembranças dessa memória podem ser parte dos mitos nacionais, mas também peças soltas que vão sendo criadas, modificadas e eliminadas com o tempo. Frequentemente, uma memória nacional fabrica heróis que personificam anseios e expectativas dos membros da nação: virtude, sacrifício, vitória, sucesso, poder etc. Ao serem evocadas no presente, as lembranças de passados supostamente comuns transcendem as lembranças meramente pessoais ou familiares. Memórias nacionais devem agregar pessoas, mais do que separá-las.[67]

Finalmente, os *símbolos nacionais* são como ferramentas que permitem o constante funcionamento dos mitos e das memórias, pois materializam significados da nação em um plano semiconsciente. Eles são o centro da vida imaginativa de uma nação.[68] Podem ser imagens especiais, objetos capazes de provocar reverência, textos, músicas e rituais que despertem devoção. Podem ser bandeiras, cores, quadros, monumentos, paisagens naturais, praças e ruas, edifícios, instituições, hinos, constituições, poemas, livros etc. Podem ser ainda festas e outras cerimônias públicas. O fundamental é que os símbolos devem ser vistos e utilizados por indivíduos que neles vejam e sintam a nação à qual pertencem; e que seus significados, a princípio ocultos, não tardem em se revelar.

Mitos, memórias e símbolos nacionais podem ter caráter majoritariamente étnico, ligados a fatores como língua, religião, costumes, tradições, raça etc. Podem ter caráter histórico, político ou ideológico, relacionados com acontecimentos, projetos coletivos ou formas de pensar. E podem ser – o que é mais comum – uma mistura disso tudo.

110 Formação da nação brasileira

A história de uma nação não se limita a suas origens e consolidação. Ela é também a de variações, disputas e consensos que se produzem em mitos, memórias e símbolos, a partir dos quais ela se torna uma comunidade imaginada.

Nossos primeiros mitos, memórias e símbolos nacionais começaram a ser criados junto com a própria nação, e muitos outros vieram em seguida. Passemos a observar alguns deles.

HISTORIOGRAFIA E LITERATURA

O mito de um Brasil pacífico não é a única narrativa que povoa nosso imaginário nacional. Nele também está presente o mito de que nossa história começou com a chegada dos portugueses à América, em 22 de abril de 1500. Sabemos que, nessa época, não existia nenhuma nação *brasileira*, nem *brasileiros*. Sabemos também que tais coisas não começaram a ser criadas em 1500, mas uns bons 300 anos depois, e sem qualquer relação direta com o descobrimento europeu do Brasil. Mesmo assim, o mito do descobrimento é forte. Em 2000, o governo federal do Brasil bancou uma enorme exposição sediada em São Paulo que percorreu, fragmentada, outras regiões do país. A *Mostra do Redescobrimento* foi inaugurada em 22 de abril daquele ano, com a presença de presidentes e um monte de outras autoridades, e recebeu visitantes até 7 de setembro. Dentre as cerca de 8 mil peças expostas, o xodó foi a famosa carta escrita por Pero Vaz de Caminha ao rei de Portugal em 1500 e que, cinco séculos depois, estava sendo exaustivamente tratada como "a certidão de nascimento do Brasil". O Brasil estaria, então, completando 500 anos de vida.[69] Nenhum historiador presente à mostra deve ter aprovado.

A nação brasileira como uma comunidade imaginada **111**

Em contrapartida, há quem sustente que o Brasil nasceu não em 1500, mas muito antes, e que os primeiros brasileiros foram os povos indígenas que aqui habitavam. Embora carregue um teor crítico louvável em relação ao mito do descobrimento do Brasil, essa narrativa desemboca em outro mito igualmente frouxo. Pois se os portugueses daquela época não eram *brasileiros*, tampouco o eram os indígenas, sob qualquer designação minimamente aceitável. Os povos originários do continente americano viviam em suas próprias comunidades e com suas próprias identidades, e viriam a ser chamados pelos europeus de *nações* em um sentido antigo, sinônimo de *estrangeiros* ou *diferentes*. Nada que se aproximasse de uma nação brasileira.

Há outras variações: o Brasil teria começado com o trabalho de evangelização dos primeiros missionários cristãos; com o início do sincretismo religioso europeu, ameríndio e africano; com a Independência supostamente negociada e pacífica, ou ainda com as misturas nacionais decorrentes das grandes imigrações dos séculos XIX e XX. Este último, aliás, é um mito ainda hoje fortíssimo: o de que somos uma nação branca, se não propriamente fundada, seguramente aperfeiçoada por levas de estrangeiros que teriam nos ajudado a sermos menos africanos e menos indígenas. E há mesmo quem acredite – um mito negativo – que a desgraça do Brasil é que ele estaria sempre começando alguma coisa, mas nunca terminando nada.

Tudo depende do que queremos fazer com a nação. Na lógica distorcida de um mito de origem, a constatação de que a nação brasileira começou a surgir durante o violento processo de Independência, contraditoriamente a partir da e contra a nação portuguesa, com a exclusão de contingentes de indígenas e pessoas negras, e se consolidou a duras penas em estreita associação com o Estado em meados do século XIX,

Formação da nação brasileira

é menos importante do que qualquer uma das alternativas anteriores. Afinal, a prioridade de um mito não é saber o que realmente aconteceu, mas manipular o passado, o presente e o futuro da nação. Aos historiadores, resta não apenas insistir nas diferenças entre mito e história, mas também estudar os mitos como parte da própria história.

Alguns mitos de origem ou de exaltação da nação se aproveitam de conteúdos históricos regionais, mas são apresentados como se dissessem respeito a todo o Brasil. Vejamos três exemplos.

Em primeiro lugar, a mitologia criada em torno dos bandeirantes. Vivendo em São Paulo no século XVII e começos do XVIII, uma região pobre, pouco integrada às estruturas da colonização portuguesa e escassa em mão de obra escrava africana, os bandeirantes eram caçadores de indígenas, que os usavam ou vendiam como escravos para outras partes do Brasil. De maneira secundária, procuravam riquezas minerais, que aliás quase nunca encontravam em grande quantidade. Os bandeirantes eram odiados pelos padres jesuítas, pois era nas missões evangelizadoras destes que os bandeirantes iam buscar preferencialmente seus futuros escravos. Também eram odiados por muitas autoridades políticas portuguesas. Muito tempo depois, bandeirantes como Antônio Raposo Tavares (1598-1659), Fernão Dias Pais (1608-1681), Manuel de Borba Gato (1649-1718) e Bartolomeu Bueno da Silva (1672-1740) viraram protagonistas de um mito nacional: o que os associava à construção do território brasileiro, do qual eles teriam sido desbravadores e artífices. Esse mito foi construído entre finais do século XIX e as primeiras décadas do XX, para justificar a crescente aspiração de poder político por parte de São Paulo associada à sua industrialização e a seu poderio econômico. Em sua época, porém, os bandeirantes estavam completamente alheios a tudo isso. Descendentes de europeus, portugueses do Brasil e indígenas (principalmente das mulheres), eles eram de nacionalidade portuguesa, e viviam e atuavam de modo violento e predatório em um mundo no qual não havia sequer esboço de uma nação brasileira.[70]

Em segundo lugar, o mito de formação da nacionalidade brasileira em Pernambuco. Na mesma época em que os bandeirantes estavam caçando indígenas, outros portugueses do Brasil estavam às voltas com as guerras (1645-1654) que terminariam com a expulsão dos holandeses de Pernambuco e de territórios da África ocidental. Quando Portugal se fez independente da Espanha em 1640, ele se tornou uma metrópole enfraquecida que não tinha condições de armar homens para lutarem no Atlântico sul. O grosso das forças que combateram e derrotaram os holandeses foi organizada e financiada no próprio Brasil. Entre os combatentes e suas lideranças – como João Fernandes Vieira (1610-1681), André Vidal de Negreiros (1606-1680), Henrique Dias (?-1662) e Filipe Camarão (1591-1649) – encontravam-se portugueses brancos do Brasil e de Portugal, mestiços, indígenas e negros. Lutavam como portugueses de diferentes identidades e condição social e de acordo com interesses locais, mas sempre a serviço do Império Português. Posteriormente, no entanto, foi forjada a imagem de que ali estava se formando um espírito nativista, de amor à terra, que desembocaria na criação da nação brasileira a partir da mescla de três raças que teriam se unido em torno da libertação do Brasil do jugo estrangeiro. Com variações, esse mito ganhou os séculos.[71]

Essa visão de uma nação brasileira formada no século XVII foi reforçada por um mito complementar: o de que as forças que lograram expulsar os holandeses estariam formando o Exército brasileiro. E esse exército, suposto garantidor da paz e da ordem social (guerras e golpes militares passariam a

114 Formação da nação brasileira

ser vistos como intervenções pacificadoras), seria o principal responsável pela criação da própria nação brasileira. Até hoje o Exército comemora o dia 19 de abril de 1648 – quando se travou um dos combates mais decisivos contra os holandeses, a primeira Batalha de Guararapes – como sendo o dessa sua suposta fundação; e há quem realmente acredite que nessa instituição reside o cerne de nossa nacionalidade.

Em terceiro lugar, um mito ainda mais poderoso do que os dois anteriores: o de Tiradentes (1746-1792) e da Inconfidência Mineira como precursores da Independência e fundadores da nação. A Inconfidência, tramada em Minas Gerais entre 1788 e 1789, foi um movimento político que jamais concebeu, nem de longe, a independência do Brasil. Em algumas de suas manifestações, planejou uma mal definida separação política apenas da capitania de Minas Gerais, e Tiradentes, embora tenha dela participado, não foi sua principal liderança. A exaltação de Tiradentes e da Inconfidência começou timidamente nas primeiras décadas do século XIX e ganhou robustez com o crescimento do movimento republicano na década de 1870. O novo regime implementado em 1889 alçou Tiradentes à condição de herói nacional, dando-lhe um feriado (em 21 de abril), numerosas homenagens em ruas, praças, monumentos e edifícios, e estimulando a produção de retratos seus à semelhança de Jesus Cristo (que, diga-se de passagem, jamais foi pessoalmente retratado).[72] Até hoje muitos brasileiros seguem acreditando que Tiradentes foi aquilo que ele não foi, e ignoram o que ele realmente foi.

No Brasil, os mitos nacionais se misturam com a própria escrita da História, chamada de *historiografia*. Isso ocorre porque nossos primeiros historiadores escreveram sobre o passado não apenas para explicá-lo, mas também para exaltá-lo. E legaram à posteridade muitas confusões.

A escrita de uma historiografia brasileira, a exemplo do que ocorreu com a própria nação, tem raízes em tempos coloniais, quando obras foram dedicadas a acontecimentos, personagens, lugares e épocas da América Portuguesa. Essas Histórias *do Brasil* sempre eram, igualmente, Histórias *de Portugal*; com frequência, eram também Histórias de determinadas *partes do Brasil*. Mas todas elas, sem exceção, eram portuguesas. O mesmo aconteceu com obras poéticas de temática histórica. Porém, essas obras, escritas quando ainda não existia uma nação brasileira, ofereceram à posteridade temas, pretextos, informações e inspirações que contribuíram para o surgimento, no século XIX, de uma historiografia brasileira, bem como de uma diferença identitária entre *portugueses do Brasil* e *portugueses de Portugal*.

Durante o processo de Independência, essa diferenciação identitária se politizou e se acentuou, e uma de suas marcas foi justamente uma separação de passados entre Brasil e Portugal. Ainda não havia, no Brasil, cursos superiores ou professores de História, tampouco historiadores como hoje os conhecemos. No entanto, o desenrolar dos acontecimentos a partir da transferência da Corte ao Brasil em 1808, em especial após a criação do Reino do Brasil em 1815 e a eclosão da Revolução do Porto de 1820, mobilizou muita gente em torno de escritas da História que, cada vez mais, distinguiam o Brasil de Portugal. Periodistas, ministros, diplomatas, viajantes estrangeiros e outros letrados começaram a reunir informações e materiais sobre os importantes acontecimentos que ainda estavam em curso, dando suas versões a respeito deles. Uma História da Independência do Brasil começou a ser escrita durante a própria Independência. E dela foi surgindo uma historiografia nacional brasileira, cuja escrita e difusão auxiliaria na criação e consolidação da própria nação.

116 Formação da nação brasileira

Obras pioneiras da historiografia brasileira foram as de José da Silva Lisboa, *História dos principais sucessos políticos do Império do Brasil* (1826-1830), e de dois ingleses, Robert Southey, *História do Brasil* (1810-1819), e John Armitage, também *História do Brasil* (1836). Poucos anos depois, em 1838, durante o conturbado período regencial, foi fundada no Rio de Janeiro uma instituição lá existente até hoje: o Instituto Histórico-Geográfico Brasileiro (IHGB). Surgido sob patrocínio imperial, o Instituto era uma agremiação de escritores, políticos e outros graúdos da sociedade, oficialmente encarregada de escrever uma História nacional brasileira e de caracterizar a jovem nação em termos de sua geografia. Cabia ao IHGB reunir o Brasil em torno de uma História inventada como comum, e ao mesmo tempo louvá-la como marca diferenciadora da nação brasileira em relação a outras do mundo. Nas décadas seguintes, centenas de obras foram escritas a partir de suas diretrizes, e muitos institutos semelhantes menores, estaduais e municipais, foram criados com o intuito de contribuir para essa tarefa do ponto de vista das diferentes regiões do país.

Costuma-se afirmar que a historiografia nacional brasileira começou com o IHGB, mas não foi bem assim. Quando a instituição abriu suas portas, já havia um bom manancial de temas, personagens, datas, descrições e análises de uma história do Brasil pensada em separado da história de Portugal. O que o IHGB fez foi formalizar e acentuar ainda mais uma das dimensões fundamentais da transformação da nação brasileira em uma comunidade imaginada, que era oferecer narrativas e justificativas de suas origens e desenvolvimento.[73]

Em 1840, o IHGB promoveu um concurso para premiar a melhor proposta de como deveria ser escrita a História do Brasil. O concurso teve apenas dois participantes: o brasileiro

Henrique Júlio de Wallenstein (1790-1843) e o germânico Carl Friedrich Philipp von Martius (1794-1868). A proposta de Martius, *Como se deve escrever a história do Brasil*, foi primeiro publicada na revista da instituição (1844), para só depois ser premiada (1847). O que ela propunha? Dentre outras coisas, que uma singularidade da nação brasileira em relação a outras era sua origem em uma mescla do que então era chamado de diferentes "raças": a branca, a indígena e a africana, das quais resultaria "uma nação nova e maravilhosamente organizada". Uma versão anterior dessa suposta origem tinha sido elaborada, como diagnóstico de uma dificuldade, em 1823 por José Bonifácio de Andrada e Silva (1763-1838), em um texto intitulado *Representação à Assembleia Constituinte e Legislativa do Império do Brasil sobre a escravatura*; como vimos, outras versões se vinculavam também ao mito da formação brasileira na expulsão dos holandeses de Pernambuco.

Para Martius, o português era a fonte principal da futura civilização brasileira; em seguida, mas lá embaixo, vinha o indígena, restando ao negro a última colocação, sendo sua contribuição para a criação da nação brasileira praticamente irrisória. Martius não poderia esperar que, com variações, sua proposta tivesse posteriormente tanto peso, fundamentando esse mito de um Brasil fundado em três raças hierarquicamente dispostas que atravessaria o século XX para chegar, ainda forte, aos dias de hoje (veremos no próximo capítulo como essa almejada "mistura" quase sempre foi sinônimo de uma defesa do branqueamento das populações indígena e negra).

Pouco depois, o brasileiro Francisco Adolfo de Varnhagen (1816-1878) se transformaria no grande nome da historiografia brasileira do século XIX. Em seus livros *História geral do Brasil* (1854-1857) e *História da Independência do Brasil* (1916-1917), Varnhagen fez investigação rigorosa sobre o passado brasileiro, ao mesmo tempo que consolidou convenções e mitos anteriores, a eles agregando novos conteúdos. Sua principal contribuição a essa mescla entre história e mito foi a ideia de uma nação brasileira fundamentalmente europeia, branca e civilizada, "preparada" pelos séculos de positiva colonização portuguesa para se tornar independente. D. Pedro I (1798-1834) teria tido um papel decisivo, uma espécie de homem certo no lugar certo para desempenhar a tarefa de artífice da nação brasileira que o destino lhe reservara.

Nesse tipo de História, pouco espaço havia para os principais excluídos da nação, sobretudo os escravos negros. Como o futuro do Brasil deveria ser branco e europeizado, ex-escravos e negros livres só caberiam na nação se aceitassem gerar descendentes cada vez menos negros. Já os indígenas eram tratados com ambiguidade: alguns autores defenderam que, por serem povos supostamente "sem história", eles deveriam ser incluídos na História do Brasil apenas como objetos de descrição, equivalentes a árvores, rios ou bichos; outros argumentaram que, a despeito de serem "selvagens" ou "inferiores", os indígenas tinham uma história digna de interesse, principalmente aquela anterior à chegada dos portugueses ao Brasil. Finalmente, houve quem considerasse que a integração dos indígenas à nação era desejável e possível: a solução seria continuar a convertê-los ao cristianismo, a exemplo do que faziam os portugueses em tempos coloniais.

Nessa mescla entre mito e história, entre passado, presente e futuro, foram sendo silenciados episódios de violência política e social, movimentos de contestação à monarquia e muitas das dissidências e projetos alternativos àquela nação brasileira que estava se afirmando em meados do século XIX. Por vezes, tais dissidências e projetos foram convertidos em sintomas precoces de desejos de emancipação do Brasil em relação a Portugal. Tudo conforme as lógicas do presente, e não do passado.[74]

A Proclamação da República (1889) inaugurou esforços para tornar a escrita da História brasileira menos monárquica e portuguesa, não tão centrada no descobrimento ou na independência. A história ganhou novos personagens, acontecimentos e mitos segundo os interesses de quem agora passava a ocupar o poder. Mesmo assim, antigos mitos foram reforçados e parcialmente reelaborados. O influente historiador Manuel de Oliveira Lima, por exemplo, escreveu uma obra intitulada *Formação histórica da nacionalidade brasileira* (1911) iniciando sua narrativa pela descoberta portuguesa da América. Algumas décadas depois, os seguidos governos a cargo de Getúlio Vargas (1882-1954), principalmente a partir de 1937, investiram pesado em novas versões do passado brasileiro, ou em novas ênfases de velhas versões.[75] A nação brasileira, já consolidada, foi ganhando cada vez mais variações.

No Brasil, as interfaces entre mito e historiografia foram construídas também pela literatura. A partir de meados do século XIX, a literatura começou a tratar abundantemente da nação, e é muito comum afirmar que essa literatura atuou para criar ideias de nação. Como já vimos, porém, essa afirmação é pouco exata. Uma literatura nacional brasileira começou a surgir junto com a própria nação; depois, alguns seus autores e obras mais conhecidos e significativos contribuiriam não mais para *criar*, mas para *consolidar* a nação brasileira, assim como para *variar* seus conteúdos.

Por vezes, a literatura tratou da nação de modo direto, refletindo sobre as condições de criação ou diagnóstico de uma produção brasileira que não fosse mais portuguesa. Vimos no primeiro capítulo como algumas das mais precoces manifestações em torno de uma identidade nacional brasileira vieram não de potenciais usuários dessa identidade, mas de observadores estrangeiros. Com a literatura ocorreu o mesmo. Um de seus primeiros formuladores foi o francês Ferdinand Denis, em seu *Resumo da história literária de Portugal, seguido do resumo da história literária do Brasil* (1826). Outro esforço na mesma direção foi a compilação de Januário da Cunha Barbosa, posteriormente um dos fundadores do Instituto Histórico-Geográfico Brasileiro, com *Parnaso brasileiro, ou Coleção das melhores poesias dos poetas do Brasil*, entre 1829 e 1832.

E em 1836 foi criada *Niterói – revista brasiliense de ciências, letras e artes*, que reuniu vários outros escritores preocupados com as relações entre literatura e nação, como Manuel de Araújo Porto Alegre (1806-1879), Domingos José Gonçalves de Magalhães (1811-1882), Francisco de Salles Torres Homem (1812-1876) e João Manuel Pereira da Silva (1817-1898). Para eles, a nação brasileira já existia, mas era nova e necessitava desenvolver-se. Foi nas páginas de *Niterói* que apareceu o *Ensaio sobre a literatura brasileira* (1836), no qual Gonçalves de Magalhães uniu independência política com independência literária para defender que cada povo teria sua própria literatura, o que tornaria esta, no caso brasileiro, uma espécie de testemunho do processo de formação da nação. Em meio a divergências e enfrentamentos, muitos outros autores seguiram na mesma direção.

A literatura brasileira se apresentava, simultaneamente, como expressão artística e como ferramenta política. Nem sempre, porém, a nação era explicitamente seu tema, estando por vezes contida em poemas ou novelas que traziam tramas de costumes ou ficções históricas; nestes casos, a nação brasileira estava sendo consolidada por meio de sua representação na literatura. Isto é, ela era tratada indiretamente, mas de modo que sua simples sugestão reforçasse sua presença.

Um dos recursos de representação mais utilizados nessa literatura foi a transformação de povos indígenas em símbolo da nação brasileira. Em tempos coloniais, havia uma simbologia que valorizava nomes, lugares e imagens indígenas identificadas com o continente americano e que serviam para distinguir *portugueses do Brasil* de *portugueses de Portugal*. Mas nenhum desses símbolos estava preparando o surgimento da nação brasileira, sequer antecipando sentimentos nacionais brasileiros que, naquela época, não existiam. Esses símbolos tampouco significavam que os portugueses do Brasil valorizassem a cultura dos povos originários: eles eram apenas uma forma de distinção identitária no interior da nação portuguesa.

Em começos do século XIX, *Brasil* continuou a ser associado com *América*, o que deu prosseguimento à valorização simbólica de elementos indígenas. Durante e após a Independência, e em meio ao processo de criação e consolidação da nação, essa valorização se fez presente em nomes próprios, de jornais, instituições e lugares, que substituíram designações portuguesas por outras em tupi. Ferdinand Denis (1798-1890), que acabamos de mencionar, exaltou as guerras contra os holandeses no século XVII e a suposta mistura de raças que ela teria promovido; sugeriu ainda aos escritores brasileiros que se utilizassem dos povos indígenas como maneira de diferenciar a literatura brasileira da portuguesa, posição endossada por muita gente.

O embasamento artístico para a valorização simbólica do indígena foi o romantismo, uma espécie de visão de mundo originária da Europa muito influente na América do século XIX. Em sua vertente literária, o romantismo exaltava a singularidade das nações, tratando-as, por analogia, como indivíduos dotados de caráter e subjetividade, fadados a realizar seus supostos destinos por meio de realizações políticas

122 Formação da nação brasileira

e artísticas. No Brasil, o romantismo abraçaria os povos indígenas e a natureza, transformando-os em símbolos da nação; mas nada de negros ou escravos. Talvez o primeiro autor a ir nessa direção tenha sido Firmino Rodrigues Silva, em *Nênia* (1837). Pouco depois, um dos principais poetas românticos, Antônio Gonçalves Dias, escreveu (1851) que "a história e a poesia do Brasil estão nos índios".[76]

E Gonçalves de Magalhães? Após se formar em Medicina na Europa, tendo exercido funções diplomáticas (futuramente seria deputado), famoso pelo açucarado poema *Suspiros poéticos e saudades* e membro do Instituto Histórico-Geográfico Brasileiro, Magalhães se tornou secretário de Luiz Alves de Lima e Silva (1803-1880), o futuro Duque de Caxias, durante a Balaiada, no Maranhão. E até dedicou ao patrão um soneto, a *Ode ao pacificador do Maranhão* (1841), que contribuiu para criar a ideia de Lima e Silva como autêntica personificação de uma nação brasileira ordeira e em simbiose com um exército pacificador. Mas sua maior obra é o poema épico *A confederação dos tamoios* (1856), que heroicizou os nativos da América para atacar o colonizador português e afirmar a nacionalidade brasileira. Porém, como essa nacionalidade era pensada como sendo branca, de ascendência europeia e cristã, a crítica aos portugueses era limitada: em seu enredo, a despeito de alguns vilões inescrupulosos, o colonizador continuava a ser, preponderantemente, benéfico para o Brasil.

Outro importante escritor do período foi José de Alencar (1829-1877). Em romances como *O guarani: um romance brasileiro*, de 1857, e *Iracema*, de 1865 (cujo título é um anagrama de *América*), Alencar também idealizou o indígena como símbolo da nação. Além disso, defendeu, pela literatura, a autonomia da língua portuguesa do Brasil em relação àquela praticada em Portugal. E se Magalhães prestara seus serviços de escritor ao pacificador do Maranhão, Alencar prestaria os seus de político – também foi deputado – à defesa da escravidão, vista por ele como uma instituição necessária ao desenvolvimento da nação brasileira.[77]

Os povos indígenas da literatura romântica brasileira eram símbolos idealizados. Eram projeções de valores europeus, fincados no passado, obedientes, branqueados, monarquistas, cristãos e condizentes com a concepção então dominante de nação brasileira. Os indígenas reais continuavam sua sina, iniciada três séculos atrás: convertiam-se aos padrões culturais europeus ou estavam fadados ao desaparecimento.

Nem todos os escritores da época, porém, dedicaram-se a temas indianistas ou abordaram diretamente a questão da nação. É o caso de Joaquim Maria Machado de Assis (1839-1908), que até dedicou alguns poemas ao tema indígena, mas que se notabilizou por contos e romances de outra natureza. Sua obra, porém, nos ajuda a compreender a consolidação e a variação da nação brasileira. Em um texto de crítica literária, *Instinto de nacionalidade* (1873), escrito quando o romantismo já estava em declínio, Machado de Assis afirmou que o Brasil ainda aguardava por uma outra independência, que "não tem Sete de Setembro, nem campo do Ipiranga; não se fará num dia, mas pausadamente, para sair mais duradoura; não será obra de uma geração, nem duas; muitos trabalharão para ela até perfazê-la de todo".[78] Mas atenção: Assis não sugeriu a inexistência da nação brasileira. Apenas manifestou uma crise da ideia de nação tradicionalmente associada a valores europeus. Esboçou, então, uma nova versão da nação, uma nação defasada, atrasada porque ainda não teria se completado. Aqui, a tônica de incompletude da nação brasileira ganhou um aliado de peso.

Décadas depois, no contexto do Centenário da Independência e do modernismo artístico, quando novas versões da nação e da identidade nacional estavam sendo criadas, Mário de Andrade (1893-1945) escreveu seu célebre *Macunaíma* (1928), no qual representou, de modo bastante original e divertido, um Brasil em construção, com um povo e uma identidade em movimento, passeando pelo território, pela história, por costumes e tradições do país. Já no livro de João Ubaldo Ribeiro, *Viva o povo brasileiro* (1984), escrito no contexto de declínio da ditadura militar e redemocratização, o Brasil é representado por uma espécie de epifania futura que só ocorrerá quando o povo se tornar senhor da própria história. Dezenas de outros exemplos poderiam ser dados de como a literatura contribuiu na criação de diferentes versões da nação brasileira.

Importantes estudiosos como Antonio Candido (1918-2017) e Haroldo de Campos (1929-2003) se empenharam em estabelecer quando e como teria começado a surgir uma literatura verdadeiramente brasileira.[79] Para além de suas posições, se tomarmos a questão do ponto de vista do fenômeno nacional, e não somente da literatura em si, a conclusão é, simplesmente, que essa literatura começou a surgir, junto com a própria nação, em começos do século XIX; no entanto, como a nação tem algumas raízes em elementos da história colonial, a literatura brasileira também bebeu na literatura portuguesa, dela aproveitando convenções, temas, pretextos, imagens e inspirações – além, claro, da língua portuguesa, que ao se tornar uma língua mais brasileira, foi se tornando também uma língua mais africana e indígena. E, considerando particularidades da literatura como manifestação social de formas de ver, pensar e viver o mundo, podemos acrescentar que essa literatura brasileira adquiriu maior consistência quando ela passou a se relacionar não propriamente com as origens da nação, mas já com sua consolidação e variação, na segunda metade do século XIX.

Mitos, historiografia e literatura só puderam se esparramar e contribuir para o estabelecimento do Brasil como uma comunidade imaginada por causa da criação e desenvolvimento de sistemas de ensino que, como vimos no capítulo anterior, foram surgindo no Brasil nas primeiras décadas do século XIX. Escolas e outras instituições educativas sempre foram lugares privilegiados para a criação e reiteração de ideias de nação.

É comum a afirmação de que a criação simbólica do Brasil teve início com a abertura do Colégio Pedro II (1837), voltado à educação secundária, e do Instituto Histórico-Geográfico Brasileiro (1838), dedicado à escrita da História do Brasil e à caracterização de seu perfil geográfico. As duas instituições, criadas na Regência – quando estava em curso o *fortalecimento* de uma ideia de nação brasileira branca, desigual, escravista e ordeira – contribuiriam para uma melhor definição de alguns dos conteúdos centrais dessa nação. No entanto, desde a Independência e o Primeiro Reinado já existia uma ideia bem delineada e razoavelmente implementada de nação brasileira. Quando as grandes rebeliões se encerraram por volta de 1849, podemos afirmar que, por motivos políticos, econômicos e culturais, a nação já estava consolidada em sua morfologia básica, fortalecida o suficiente para continuar a ser imposta, aceita e reconfigurada em todo o Brasil.

HERÓIS, BANDEIRAS, HINOS E MONUMENTOS

Mitos de origem, historiografia, literatura, ensino e suas tensas relações com a escrita e a oralidade são apenas uma parte desse processo. Igualmente importantes são as lembranças coletivas que formam uma memória nacional. Lembranças essas que podem estar acopladas a mitos e historiografias ou ter vida própria.

Heróis são personagens recorrentes de qualquer memória nacional. Porém, ninguém que estuda seriamente o passado neles acredita. O culto ao indivíduo é uma invenção histórica relativamente recente, uma mescla de tradições religiosas com promessas não cumpridas dos liberalismos econômicos, políticos e sociais que começaram a tomar conta do mundo a partir de fins do século XVIII. Antes disso, heróis costumavam ser figuras míticas às quais eram imputados comportamentos exemplares a serem seguidos por toda a comunidade: bravura, sacrifício, coragem, retidão, inteligência, força, martírio etc. Os heróis modernos, porém, tendem a ser pessoas mais reais e comuns, podendo ser até mesmo indivíduos simplesmente bem-sucedidos do ponto de vista de sua capacidade de realização material-financeira. Para todos os efeitos, a construção de heróis e os exageros na potência do indivíduo, embora distorçam a compreensão da história, fornecem elementos de lembrança muito úteis à existência de mitos e memórias nacionais.

Pouca gente sabe, mas o Brasil possui um panteão dedicado aos seus heróis oficiais. Seu nome é Panteão da Pátria e da Liberdade Tancredo Neves, e foi inaugurado pelo governo federal brasileiro em 7 de setembro de 1986. Nossos políticos adoram homenagear seus colegas, pois isso lhes traz a esperança de um dia serem eles próprios homenageados. O Panteão da Pátria e da Liberdade foi pensado em reverência a Tancredo Neves (1910-1985), primeiro presidente não militar após a ditadura de 1964-1985, que morreu antes de tomar posse. Localizado na Praça dos Três Poderes, em Brasília, o edifício inclui uma escultura de aço chamada de Livro dos Heróis e Heroínas da Pátria, na qual nomes vão sendo gravados ao longo do tempo. Até 2023, esse "livro" incluía 55 supostos heróis e heroínas: personagens bastante tradicionais (como José de

Anchieta, Tiradentes, D. Pedro I, José Bonifácio, Frei Caneca), militares (Marechal Deodoro, Duque de Caxias, Almirante Tamandaré, Almirante Barroso), pessoas ligadas à história indígena (Rondon, Sepé Tiaraju) e negra (Zumbi, Luís Gama, Antonieta de Barros), mulheres de atuação política (Bárbara Alencar, Joana Angélica, Maria Quitéria, Anita Garibaldi, Ana Nery, Zuleika Jones), políticos homens (Getúlio Vargas, Oswaldo Aranha, Leonel Brizola, Miguel Arraes, Ulysses Guimarães), escritores e artistas (Machado de Assis, Euclides da Cunha, Tobias Barreto, Carlos Gomes, Villa-Lobos), líderes religiosos (Antônio Conselheiro, Chico Xavier, Irmã Dulce) e populares variados, além de pessoas cuja existência histórica não é certa, mas que lá estão, sobretudo na condição de símbolos de determinadas causas surgidas posteriormente.

O leitor deve ter percebido a verdadeira salada mista que é essa relação oficial de heróis e heroínas de seu país. Tal heterogeneidade aparentemente caótica reflete, no entanto, variações das ideias de nação brasileira ao longo da história. Juntos, tais nomes convergem em seu potencial de endossar mitos de origem e fortalecer uma memória nacional brasileira em permanente mutação. Uma memória que, como a própria nação à qual ela serve, é variada e disputada.

No dia a dia de sua memória nacional, porém, os brasileiros têm suas preferências, que nem sempre batem com as escolhas oficiais. Heróis tradicionais como D. Pedro I e José Bonifácio têm uma história de altos e baixos, tendo sido parcialmente reabilitados no Brasil atual por grupos políticos monarquistas e ultraconservadores (a absolutista Leopoldina também está na moda). Duque de Caxias, Santos Dumont, Rui Barbosa, Barão do Rio Branco e Getúlio Vargas também tiveram a sua época e, embora ainda muito conhecidos, são atualmente menos populares do que Padre Cícero, Chico Xavier,

Ayrton Senna ou Pelé. E há quem veja virtudes exemplares em Lampião ou Maria Bonita. Muitos outros brasileiros, no entanto, preferem evocar indivíduos que personificam causas sociais ou então empresários, artistas, esportistas e pessoas sem ocupação fixa que costumam ser chamadas de "celebridades": gente endinheirada, bem-sucedida e – a despeito de seus frequentes problemas com a justiça – aparentemente felizes.[80]

É possível ainda deslocar cultos e lembranças de pessoas para acontecimentos, inclusive esportivos, ou para elementos de culturas tradicionais e folclóricas. E não serão poucos os brasileiros que se manterão fiéis a lembranças oficiais, como aquelas referidas por nossos feriados cívicos ou religiosos. Igualmente úteis para a memória nacional, o que importa é que todas essas lembranças, de alguma maneira, sirvam para que os brasileiros se sintam brasileiros.

Passemos agora a observar símbolos nacionais que também contribuíram para a criação e afirmação da nação brasileira, começando pela bandeira.

Desde o século XVII, a América Portuguesa tinha um símbolo: uma esfera armilar azul – um instrumento náutico que evocava as grandes navegações – com filetes de ouro. Em 13 de maio de 1816, o Reino Unido de Portugal, Brasil e Algarves ganhou uma bandeira: a esfera armilar com fundo azul; por cima dela, em primeiro plano, foi colocado o escudo real português e, acima, a coroa portuguesa; tudo isso em um fundo mais amplo branco.

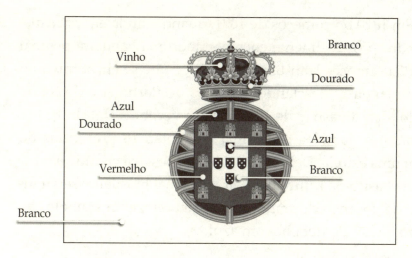

Bandeira do Reino Unido de Portugal, Brasil e Algarves, 1816.

Em 23 de agosto de 1821, uma nova bandeira do Reino Unido foi criada pelas Cortes portuguesas, com um importante detalhe: sobre um fundo azul e branco, o escudo português encimado pela coroa perdeu a companhia da esfera armilar. Ou seja, o Brasil foi simbolicamente rebaixado, o que corresponde bem às crescentes diferenciações que naquele momento de enfrentamento político estavam ocorrendo entre *portugueses do Brasil* e *portugueses de Portugal*.

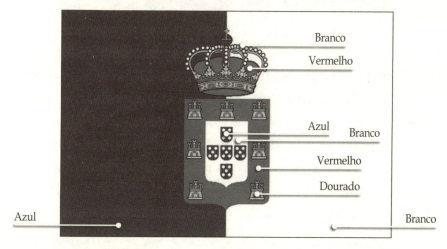

Bandeira do Reino Unido de Portugal, Brasil e Algarves, 1821.

Em 1820 ou começos de 1821, quando ainda era príncipe, D. Pedro provavelmente encomendou uma bandeira pessoal ao artista francês Jean-Baptiste Debret, que se encontrava no Rio de Janeiro. Mesclando símbolos de Portugal e do Reino Unido, das dinastias de Bragança (o verde) e Habsburgo (o dourado) e dando a cada uma das então 18 províncias do Brasil uma estrela, Debret não sabia que estava criando a morfologia básica da futura bandeira nacional brasileira: retângulo verde, losango dourado depois amarelo, com símbolos ao centro incluindo detalhes em azul.

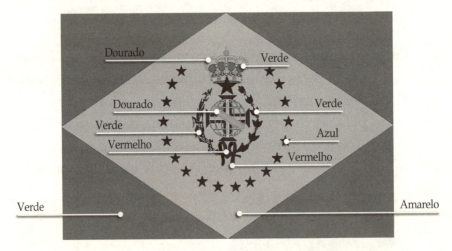

Estandarte pessoal de D. Pedro, criado por J.-B. Debret, c.1820-1821.

Pouco antes de se tornar imperador, em 18 de setembro de 1822, D. Pedro inventou um símbolo oficial especificamente brasileiro: um laço a ser usado no braço esquerdo dos adeptos da separação com Portugal, e que trazia uma flor verde e uma espécie de faixa com a inscrição "Independência ou morte". Criou também uma bandeira nacional, modificando ligeiramente a criação de Debret: mantinha-se a velha esfera armilar, agora preenchida por verde, atravessada por uma cruz e circundada por 19 estrelas (com a inclusão, nessa simbologia, da Província Cisplatina) dispostas, porém, em um círculo azul. Como adornos laterais, um ramo de café e outro de tabaco, unidos por um laço verde e amarelo, tudo encimado pela Coroa de Portugal. Como pano de fundo, um losango dourado (a cor dos Habsburgo podia ser também a das riquezas metálicas do Brasil) em uma base retangular verde (a cor dos Bragança podia representar as florestas do país). Estava pronta nossa primeira bandeira nacional.

Primeira bandeira do Império do Brasil, 1822.

Poucos dias depois, alguém teve a boa ideia de trocar a coroa portuguesa pela coroa brasileira. Ao se nacionalizar ainda mais, esse importante símbolo contribuiria ativamente para o desenvolvimento inicial, no plano simbólico, da nação brasileira.

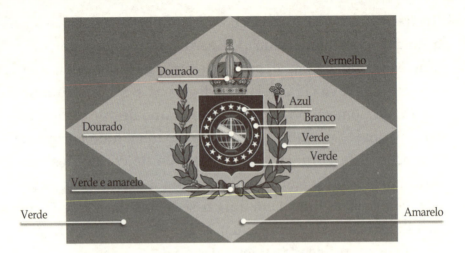

Segunda bandeira do Império do Brasil, 1822-c.1850.

Entre 1850 e 1853, quando fazia tempo que a Província Cisplatina tinha deixado de ser brasileira, uma estrela foi retirada da bandeira, mas outras duas foram acrescentadas, representando o Amazonas e o Paraná. Mas a maior alteração viria com a Proclamação da República, em 1889, e que fez com que durante poucos dias o Brasil tivesse uma bandeira semelhante à dos Estados Unidos da América. Em seguida, foi retomada a morfologia da bandeira imperial com profundas revisões: o losango diminuiu um pouco, a parafernália em seu interior foi substituída pelo conhecido globo azul com os dizeres "Ordem e Progresso" (um lema do positivismo, corrente filosófica francesa que tinha inspirado os republicanos brasileiros) e as estrelas foram dispostas de acordo com uma observação do céu realizada no Rio de Janeiro no fatídico dia 15 de novembro. À medida que novos Estados foram sendo criados, a bandeira ganhou novas estrelas, até chegar às atuais 27 (versão criada em 11 de maio de 1992).[81]

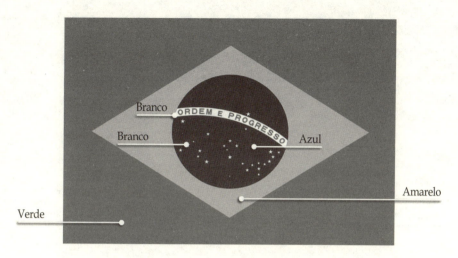

Bandeira nacional brasileira, desde 1992.

Ao longo de pouco mais de 200 anos, a bandeira nacional conheceu projetos alternativos que não vingaram. Ela foi sendo manipulada, modificada, reverenciada ou simplesmente contemplada por diferentes indivíduos a ela atraídos por um mesmo sentido geral e agrupados simbolicamente em torno da mesma nação. Uma nação imaginada com variações, mas sempre como uma nação brasileira. Ou quase sempre. Pois também no plano da construção simbólica da nação, a Revolução Farroupilha (1835-1845) foi uma exceção digna de nota. Por alguns anos, a República Rio-grandense teve uma bandeira própria. Muito semelhante à atual bandeira do Estado do Rio Grande do Sul, a farroupilha aproveitou elementos da bandeira imperial então em voga no restante do Brasil: as cores verde e amarelo e um brasão de armas ao centro encimado por uma coroa. Até para os separatistas farroupilhas era difícil romper totalmente com a nação brasileira que estava se afirmando. A grande marca simbólica desse efêmero rompimento, sem dúvida, estava na cor vermelha, a cor da revolução.

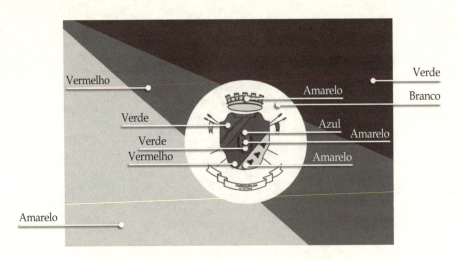

Bandeira da República Rio-grandense,
usada durante a Revolução Farroupilha.

A partir de certa idade, todos os brasileiros reconhecem nossa atual bandeira, e muitos nela enxergam a própria nação. Já seus significados específicos, assim como os das cores verde, amarelo e azul, são disputados, a depender do contexto e da maneira como bandeira e cores são exibidas.

Outro importante símbolo é o Hino Nacional, cuja letra completa e correta quase ninguém conhece, mas que por sua melodia é facilmente reconhecível. O hino nacional tem origem em uma marcha composta por Francisco Manuel da Silva (1795-1865) à época da Independência e que não tinha letra. Sua melodia podia acolher diferentes letras a depender da ocasião, e desde pelo menos 1837 costumava ser chamada, informalmente, de "Hino Nacional". Com a Proclamação da República, o governo brasileiro convocou um concurso para escolher um novo hino – pois o antigo era associado à monarquia – e dar-lhe uma letra. O hino premiado, porém, virou o Hino da República, enquanto a marcha antiga foi oficializada como Hino Nacional. Sua letra só viria em 1922, composta por Joaquim Osório Duque-Estrada (1870-1927), e é a que conhecemos hoje. O Hino Nacional brasileiro é o principal de uma tétrade oficial de hinos, formada ainda pelos da República, da Independência – de história bastante confusa – e da Bandeira. Cada estado do Brasil também tem o seu próprio hino, além de cidades, bairros e milhares de instituições privadas. Quanto mais específicos forem hinos, maior será a tendência de eles se distanciarem de uma simbologia da nação.[82]

Também com os hinos os brasileiros se relacionam de maneiras plurais. Em partidas de futebol disputadas no Rio Grande do Sul, seguidores do Grêmio e do Internacional ostentam bandeiras e cantam o hino de seu Estado antes do hino nacional, o mesmo ocorrendo em jogos em Santa Catarina e no Paraná; em São Paulo, torcedores do Palmeiras entoam uma versão adaptada do Hino Nacional; e em Minas Gerais, enquanto torcedores do Cruzeiro cantam mais alto a frase "a imagem do cruzeiro resplandece", seguidores do Atlético modificam ou silenciam tal passagem. Há cidades em que os hinos municipais são bem conhecidos e constantemente reproduzidos, enquanto em outras eles são solenemente ignorados ou inexistentes. Dentre as bandeiras estaduais (todos os Estados as têm), as de Minas Gerais, Pernambuco e Rio Grande do Sul talvez sejam as mais populares. Também existem milhares de bandeiras de municípios, bairros e instituições variadas esparramadas por todo o país.

E as celebrações cívicas? O Brasil herdou de Portugal o costume de relacionar datas históricas com datas religiosas. Durante o Império, era comum que essas datas coincidissem com celebrações da família real, como nascimentos e casamentos. O Sete de Setembro, em referência à Independência do Brasil, começou a ser comemorado já em 1823, mas até fins da década ele disputou espaço – em condições desfavoráveis – com o Doze de Outubro, data da aclamação pública

136 Formação da nação brasileira

de D. Pedro I. Em 1831, com a Abdicação e o declínio político definitivo do ex-imperador, o Doze de Outubro foi extinto (seria posteriormente reabilitado oficialmente como Dia de Nossa Senhora Aparecida, e informalmente como os inúteis Dia das Crianças, Dia dos Fanzines e Dia do Corretor de Seguros). Daí em diante, o Sete de Setembro começou seu triunfo como principal data cívica no calendário nacional brasileiro. E mais uma vez, a República (sempre ela) meteu a mão na simbologia da nação e começou a modificar o calendário cívico, separando datas civis e religiosas e introduzindo dois feriados que existem até hoje: o Dia da República, em 15 de novembro, e o Dia de Tiradentes, em 21 de abril. Novas modificações continuaram a ser realizadas, em especial durante os governos de Getúlio Vargas de 1930-1945. A ditadura iniciada em 1964 usou e abusou de festejos cívicos tradicionais, e a partir da Constituição de 1988 houve uma grande abertura para a evocação de lembranças relacionadas a grupos socialmente desfavorecidos e à diversidade cultural e identitária da nação brasileira.

Estados e municípios também têm os seus próprios calendários, cujas datas igualmente embaralham história, religião e política, reforçando mitos, memórias e símbolos. Todos esses calendários convivem ainda com outros, privados, escolares, esportivos, culturais, institucionais que, em muitos casos, também fazem referência a mitos e memórias da nação brasileira em versões específicas e adaptadas.[83]

As variações simbólicas da nação nos calendários continuam vivas, traduzindo flutuações nos significados do que é ser brasileiro. Um bom exemplo é o Dia da Consciência Negra, em 20 de novembro, referente à morte de Zumbi dos Palmares lá no final do século XVII, e que, embora tenha sido concebido no começo da década de 1970 e generalizado em 2003, só foi oficializado como feriado nacional em 2023. Já o Dia Nacional das Tradições das Raízes de Matrizes Africanas e Nações do Candomblé, criado em 21 de março de 2023, embora seja um dia celebrativo oficial nacional, ainda não é feriado. Alguém imagina esses dois dias sendo comemorados no Brasil há 150 anos, quando a escravidão sequer havia sido abolida?

Finalmente, podemos incluir em nossa observação monumentos, túmulos, cenotáfios (túmulos dedicados a pessoas que não estão ali enterradas) e lugares públicos variados. No Brasil, há milhares de ruas, avenidas e praças com nomes evocativos de elementos de nossos mitos e memórias nacionais, como a descoberta do Brasil, a Inconfidência Mineira, a Independência, a Abolição da escravidão, a República, os imigrantes e seus locais de origem, os governos varguistas, a ditadura militar etc., assim como muitos outros personagens e acontecimentos que, por algum motivo, foram parar naqueles lugares. As placas e identificações desses monumentos e lugares públicos funcionam como dispositivos permanentes de lembrança coletiva. E em quase todas as cidades do país existem monumentos notáveis e poderosos convivendo lado a lado com outros discretos, apagados e praticamente abandonados. O significado e o poder simbólico de um monumento podem vir não apenas do objeto em si, mas de sua conjunção com o local em que ele se localiza e o seu entorno mais amplo.[84] Nem todos os monumentos de um país, claro, dizem respeito à nação. E expressando aspectos sagrados de devoção que nem sempre estão dirigidos explicitamente à nação, muita gente prefere vê-los não em lugares cívicos, mas em templos ou monumentos religiosos.

Assim como ocorre com as bandeiras e os hinos, também os monumentos e lugares públicos identificados com a nação brasileira vão se transformando e alterando seus significados. Os interesses coletivos do presente promovem novas manipulações do passado, levando a substituições, reforços, inovações ou destruições de símbolos nacionais. É o caso das recentes ações de combate à memória nacional focada nos bandeirantes, típica de São Paulo. Nesse estado, há centenas de homenagens aos supostos desbravadores do território em ruas, praças, estradas, museus e estátuas. Uma delas, a esteticamente medonha em homenagem a Borba Gato inaugurada em 1957 no bairro paulistano de Santo Amaro, foi propositadamente incendiada em 2021; em seguida, foi parcialmente reconstruída. E assim ela foi ganhando novos significados históricos para além de seus originais.

Recentemente têm proliferado lugares públicos explicitamente identificados com a história da escravidão, do racismo e da cultura afro-brasileira, temas que até pouco tempo atrás eram parcial ou totalmente ocultados da memória nacional. É o caso do Cais do Valongo, antigo local de desembarque de escravos no Rio de Janeiro construído em 1811, redescoberto e remodelado em 2011. Visitando o local em junho de 2022, o autor deste livro testemunhou como monumentos podem ser não apenas História do passado, mas História do presente: enquanto um jovem guia negro, oriundo de uma comunidade próxima ao local, instruía o grupo de visitantes sobre os muitos significados daquele lugar, logo acima deles policiais militares detinham um morador de rua, também negro, suspeito de ter cometido algum crime. Imagem viva de uma nação historicamente violenta, desigual e racista.

Cais do Valongo, Rio de Janeiro, junho de 2022 (fotografia do autor).

Destruições, substituições, reforços ou inovações em símbolos nacionais também podem ser vistos com as iniciativas de substituição de homenagens a protagonistas da ditadura militar de 1964-1985 por outras, em memória a suas vítimas. Nos últimos anos, tais iniciativas crescem na mesma proporção que reações contrárias a elas, ocorrendo em centenas de cidades brasileiras. Em um bairro de São Paulo, havia uma rua Dr. Sérgio Fleury, que homenageava um delegado de polícia que se destacou como torturador nos tempos da ditadura. Ainda em vida, Fleury (1933-1979) foi agraciado com a Medalha do Pacificador, que evocava o Duque de Caxias e colocava o delegado, simbolicamente, como um dos responsáveis pela perpetuação de um Brasil supostamente ordeiro (ao morrer em circunstâncias misteriosas, ele estava sendo investigado por envolvimento com esquadrões da morte e tráfico de cocaína). Hoje em dia, há quem sustente que a ditadura foi uma "ditabranda" e insista na imagem de Fleury como um fiador da paz e da tranquilidade da nação, alinhando-o a outros militares, apoiadores da ditadura e agentes da repressão. Em 2021, porém, a rua Dr. Sérgio Fleury foi renomeada como rua Frei Tito de Alencar Lima, em homenagem a uma de suas vítimas, substituição esta indicada por uma nova placa. A rua ganhou mais um significado, mas alguns de seus moradores se queixaram. E em 2023 pesquisadores iniciaram escavações arqueológicas na antiga sede do DOI-Codi, um dos lugares em que Fleury atuava, mantendo viva a lembrança do que ali acontecia. Também em 2023, vereadores do Rio de Janeiro aprovaram uma lei que proíbe a homenagem pública, por meio de estátuas, a escravocratas, eugenistas e violadores dos direitos humanos em geral.[85]

Rua Frei Tito de Alencar Lima, São Paulo, novembro de 2023 (fotografia do autor).

Monumentos e lugares também se modificam segundo as dinâmicas das cidades nas quais eles estão. Os habitantes de uma cidade constroem cartografias subjetivas dos espaços públicos, percorrendo-os, contemplando-os e atribuindo-lhes valores de acordo com suas experiências pessoais.[86] Assim, um monumento pode ser parte de um reforço de um mito de origem, símbolo da nação brasileira ou homenagem a um político qualquer. Mas pode ser também lugar de abrigo para um morador de rua – esse uso é cada vez mais frequente nas cidades brasileiras – ou marco referencial no trajeto entre, digamos, a casa e o trabalho. Muitas pessoas, aliás, só passam a reparar no monumento ou a gostar dele quando ele é modificado, destruído ou desaparece: quando isso ocorre, é como se elas tivessem perdido uma bússola de orientação cotidiana.

Símbolos nacionais podem ser ainda paisagens naturais que se convertem em territórios específicos desses mitos, bem como palcos onde vivem lembranças da memória coletiva. No Brasil, a exaltação da natureza, do território e da paisagem como símbolos nacionais remonta a princípios do século XIX, quando era comum identificá-lo como indo "do Amazonas ao Prata", ou à exuberância de fauna e flora que não encontraria correspondência em nenhum outro país do mundo. Tempos depois, essa exaltação seria consagrada por algumas estrofes da letra do Hino Nacional: *Do que a Terra mais garrida/Teus risonhos, lindos campos têm mais flores;/Nossos bosques têm mais vida,/Nossa vida no teu seio mais amores.* Para os brasileiros, paisagens atualmente identificadas com a "Terra mais garrida" podem ser praias, serras, as Cataratas do Iguaçu, a Floresta Amazônica, Brasília ou muitos outros lugares.

Nosso país possui uma larga história, ainda em curso, de mitos, memórias e símbolos nacionais. Enquanto sociedade, o que devemos fazer com narrativas, monumentos, imagens e lugares que materializam ideias de nação? Conservá-los, destruí-los ou substituí-los? A posição que oferecemos ao nosso leitor tem duas respostas e não se limita ao Brasil. A primeira é que todas as sociedades deveriam desenvolver aquilo que o historiador francês Pierre Nora, certa vez, chamou de *cultura historiográfica*, isto é, uma capacidade de observar criticamente os usos que a própria sociedade faz do passado e entender que tais usos são sempre escolhas feitas em função de interesses do presente.[87] Uma cultura historiográfica permite a elaboração de políticas de memória, ou seja, de formas de atuação coletivas direcionadas e planejadas pela própria sociedade. Na imensa maioria dos países, essas políticas de memória são praticadas apenas por pequenos grupos, o que impede que se convertam em instrumentos de fortalecimento de regimes democráticos.

Em segundo lugar, embora destruições de mitos, memórias e símbolos possam ser, teoricamente, formas de atuação legítimas de uma sociedade em relação ao seu passado, entendemos que o melhor caminho é, sempre, a conservação desses elementos, desde que complementados pela oferta de explicações de sua história e de seus significados, bem como de versões alternativas a eles. Por exemplo: no caso de uma narrativa mitológica ou racista presente em um livro didático, o professor deveria ensinar aos alunos de onde ela veio, por que foi pensada daquele jeito e por que ela não é mais adequada; em seguida, oferecer uma narrativa de contraponto. Já no caso de um monumento, mesmo que este homenageie, digamos, um senhor de escravos ou um torturador, ele deveria ser conservado, mas junto a explicações de suas origens e significados; paralelamente, um monumento alternativo poderia ser erguido junto ao primeiro, nesse caso evocando escravos, vítimas do torturador, a liberdade de pensamento, direitos humanos etc.

A destruição das provas de manipulações do passado fornece às gerações futuras a falsa impressão de que tais manipulações jamais ocorreram. Uma postura crítica em relação a elas pode ser muito mais edificante, pois permite encarar a realidade e, a partir dela, tomar decisões. Qualquer sociedade só tem a ganhar ao assumir que mitos, memórias e símbolos são parte inescapável de sua história e que, portanto, eles podem servir a seus mais elevados interesses.

O BRASIL EM TRÊS OBRAS DE ARTE

Vamos agora observar três obras de arte que, direta ou indiretamente, oferecem representações da nação brasileira. Dizemos direta ou indiretamente porque, nos dois primeiros casos, essa foi a intenção explícita de seus autores; já no terceiro, a nação é apenas sugerida. As possibilidades dessas representações são muitas, e podem incluir desde personagens, paisagens, símbolos, cores e formas tradicionais até conteúdos alternativos, inovadores e críticos.

A primeira delas é a pintura realizada por Eduardo de Sá (1866-1940), um artista muito atuante no Brasil de fins do século XIX e começos do XX e responsável por quadros e esculturas de diversos personagens da História e da memória nacional. *José Bonifácio, a fundação da pátria* (c.1900) encontra-se atualmente no Palácio Pedro Ernesto, que abriga a Câmara de Vereadores do Rio de Janeiro.[88] Foi realizada em um contexto em que o regime republicano destronava D. Pedro I da condição de principal herói nacional. A pintura recorre a uma alternativa comum à época: a evocação de José Bonifácio como patriarca da Independência e artífice da nação brasileira. Em um primeiro plano ligeiramente pendente para a esquerda, vemos um meditativo Bonifácio sentado, com uma bandeira amarela do Brasil no colo e, atrás dele, à esquerda, uma estante de livros. Perfazendo um meio círculo à sua direita, vemos uma negra ajoelhada ou agachada e (atrás) três figuras em pé: um indígena com um cocar verde, D. Pedro e um homem branco. No fundo da tela, imagens difusas, algo fantasmagóricas: um tronco de árvore com uma forca e uma cabeça, uma bandeira em movimento e uma mancha vermelha.

Eduardo de Sá (1866-1940),
José Bonifácio, a fundação da pátria, c.1900, óleo sobre tela.
Acervo Palácio Pedro Ernesto, Rio de Janeiro.

Tudo, na imagem, converge para José Bonifácio. Os livros próximos a ele reforçam sua imagem de homem de ciências e letras. A bandeira em seu colo, símbolo da nação que ele teria pensado, embora seja inequivocamente a do Brasil, a rigor nunca existiu: sua morfologia básica é a da segunda bandeira do Império (a coroa nela claramente já é a brasileira), mas tem fundo dourado ao invés de verde e está desprovida do losango dourado central. Nada indica, porém, que essa bandeira estivesse sendo feita, uma vez que seus detalhes centrais são bem definidos; e nela há uma adaptação, provavelmente intencional por parte do pintor: é que embora a segunda bandeira do Império tivesse 19 estrelas, esta traz 20, indicando a perda da Cisplatina e a incorporação de Amazonas e Paraná. Dentre as figuras secundárias, chama atenção a postura de D. Pedro, com o braço estendido e a mão espalmada em direção a Bonifácio, o que sugere uma reverência ou uma transmissão de responsabilidade: Bonifácio é aqui uma espécie de herói reconhecido pelo próprio D. Pedro. As figuras negra, indígena e branca, juntas, evocam o mito da composição da nação brasileira a partir de três "raças", mas com uma particularidade: é que a convergência delas em torno do artífice da nação parece evocar, em especial, as mensagens expressas por Bonifácio em seu célebre texto de 1823, *Representação à Assembleia Constituinte e Legislativa do Império do Brasil sobre a escravatura*, no qual demonstrou preocupação com a tarefa de criar, para o Brasil, um corpo social homogêneo a partir das distintas e heterogêneas matrizes juntadas pela colonização. A árvore ao fundo, com uma forca e uma cabeça espetada, deve ser uma alusão a Tiradentes, enforcado e esquartejado em 1792, e que agora era o herói preferencial do ainda recente regime republicano. Tal alusão compõe uma textura formal específica, associada a um passado colonial turbulento, sangrento e de martírio.

A segunda obra também é uma pintura: *A pátria* (1919), de autoria de Pedro Paulo Bruno (1888-1949). Este impactante quadro atualmente se encontra exposto no Palácio do Catete, que abriga o Museu da República, no Rio de Janeiro, e tem como protagonista uma imensa bandeira do Brasil cuidadosamente colocada no chão. Em torno dela se dispõem quatro mulheres adultas, dois bebês e três crianças, uma das quais – uma menina – é a figura central do quadro: ela segura o símbolo da nação em um gesto de proteção e acolhimento, e nos fita de frente. No canto inferior direito, a bandeira retribui, e serve de manto protetor a um dos bebês, deitado no chão. Na extrema esquerda do quadro, uma das adultas amamenta o outro bebê, também protegida pela bandeira, e em frente a ela, no chão, uma caixa contém as estrelas que ainda serão costuradas à bandeira. Atrás, mais uma adulta, que costura a bandeira. Ainda no canto esquerdo, ao fundo, uma paisagem natural que até poderia simbolizar a nação, mas que aqui aparenta ser mais um adereço estético. Essa paisagem é limitada em direção ao centro e à direita do quadro pelas paredes de um ambiente doméstico, o cenário dominante da cena. Ao fundo e ao centro, uma mulher idosa também costura a bandeira. Na parede desse fundo há dois quadros: um retrato de Deodoro da Fonseca e uma cena da morte de Tiradentes. Abaixo deles, sobre uma mesa, outro quadro e uma imagem de Nossa Senhora, Padroeira do Brasil. Completam a cena uma mãe de pé abraçando e beijando seus dois filhos (ou filhas) e outra figura idosa, desta vez masculina, sentada, no canto direito.[89]

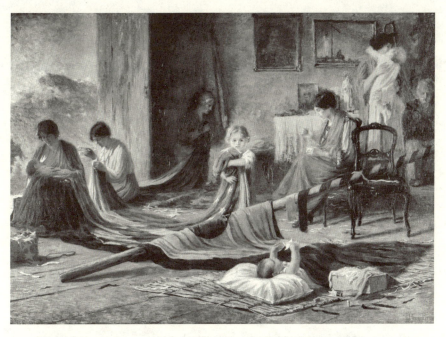

Pedro Paulo Bruno, *A pátria*, 1919, óleo sobre tela 190 x 278 cm.
Acervo Museu da República, Rio de Janeiro.

As três idades do homem – palavra aqui usada como um singular coletivo genérico – são uma convenção da História da pintura ocidental, utilizada por Pedro Bruno para envolver o passado, o presente e o futuro da nação representada pela bandeira. Todas as gerações são acolhidas por essa bandeira, ao mesmo tempo que zelam por ela. Mas a composição não deixa dúvidas quanto à valorização das figuras femininas, protagonistas e ativas, contrastantes com o secundário e irrelevante elemento masculino. Trata-se de outra convenção artística, que valoriza a mulher por seus atributos estéticos, mas que desde a Revolução Francesa vinha também transformando-a em personificação de conceitos políticos como liberdade, constituição, república e revolução. Aqui, porém, as mulheres estão em postura doméstica e tradicional: mães que cuidam de seus filhos e trabalham pela nação como se esta fosse uma família, e não uma sociedade em transformação. Mesmo assim, há uma associação política: a nação = família é também um conceito político feminino, a pátria. Maior valorização, porém, cabe aos bebês e às crianças, que simbolizam o futuro em harmonia com o passado e com o presente, mas deles se destacando. A bandeira está sendo feita (segundo o historiador José Murilo de Carvalho, o pintor deve ter se inspirado nas filhas do republicano Benjamin Constant, que bordaram uma bandeira oferecida a uma instituição militar), e parece que dela o pintor propositadamente omitiu o lema positivista republicano *Ordem e Progresso*; mas valorizou o herói máximo da república, Tiradentes, bem como dois de seus heróis principais, Deodoro da Fonseca e Benjamin Constant. Tudo isso, claro, valorizado pelo cristianismo em sua vertente católica brasileira, mas também popular, materializado na imagem de Nossa Senhora.[90]

Nessa pintura, a pedagogia cívica é evidente, mas isso não significa que seu autor tivesse a ilusão de que seus observadores teriam a capacidade imediata de reconhecer e decodificar todos os elementos que acabamos de explicar. Para que essa pintura fosse eficaz, bastaria que seus observadores conseguissem apreender seu sentido geral, isto é, que neles fosse despertado um sentimento positivo de pertencimento à nação brasileira; ao mesmo tempo, que seu autor fosse reconhecido como artista competente e capaz de realizar obras de aceitação do público.

A terceira obra dá um salto no tempo e quebra com os padrões estéticos anteriores. Trata-se de uma obra de arte contemporânea, de interpretação propositadamente mais aberta do que a anterior, e que não é uma pintura, mas uma escultura que se assemelha a um totem-monumento. Seu título é *Ruína Brasilis*, realizada em 2021 pela renomada artista Adriana Varejão

(1964-). Uma coluna, assentada na pintura de azulejos azuis e brancos, se ergue ostentando ladrilhos verdes e amarelos também pintados. No topo, uma enorme ferida quebra a harmonia da coluna ao mesmo tempo que revela suas entranhas.

Adriana Varejão, *Ruína Brasilis*, 2021,
óleo sobre tela e poliuretano com suporte de alumínio, 226 x 40 x 40 cm
(fotografia: Vicente de Mello).

Em seus diálogos com a história, Varejão se mostra em sintonia com tendências atuais relacionadas a movimentos identitários, que reivindicam direitos, visibilidade e poder a grupos tradicionalmente alijados ou desfavorecidos da nação; também com discursos anticoloniais, que veem as origens parcialmente europeias do Brasil como uma espécie de herança maldita. Azulejos azuis e brancos como os aqui utilizados na base da coluna são recorrentes na obra da artista, em geral identificados com Portugal e a matriz dominante da colonização do Brasil, embora nesta obra eles sejam, particularmente, de origem mexicana. A partir deles, erguem-se as cores predominantes de nossa bandeira nacional, mas que aqui são subvertidas de seus significados mais tradicionais: pois dessa nação surge uma gigantesca ferida, expondo uma carne sangrenta – também recorrente na obra da artista –, que não parece estar se fechando, mas se abrindo. É a violência de nossa história do passado e do presente, denunciada de modo incômodo, perturbador e gritante. Uma história em curso, de uma nação em disputa, mas que segue sendo, para todos os efeitos, brasileira.

Poderíamos aprofundar nossa observação com outras obras, inclusive de teatro, música, cinema, histórias em quadrinhos etc. Fica a sugestão para que nosso leitor siga na mesma direção, nessas obras procurando, identificando e analisando representações da nação brasileira.

Excluídos e incluídos da nação

INDÍGENAS

Povos indígenas e seus descendentes têm um papel central na história da nação brasileira. Ao mesmo tempo que foram objeto de uma valorização mítica e simbólica, que os identificou com o continente americano e o Brasil, sua inclusão na nação sempre foi precária, em uma situação que ainda perdura. Mas nas últimas décadas, os povos indígenas têm sido, ao lado de afrodescendentes (mais adiante esclareceremos o uso deste termo), a principal força de reivindicação e transformação da nação brasileira, obrigando-a a rever alguns de seus valores mais arraigados.

Com os dados atualmente disponíveis, não é possível afirmar com precisão quantos indígenas viviam nas terras em que os portugueses aportaram em 1500. Deveria ser algo entre 10 e 20 milhões. O certo é que essa população não formava uma unidade. Era um conjunto de povos que podiam ou não se relacionar entre si, de modo harmônico ou conflitivo. Também é certo que nos últimos 500 anos essa população declinou vertiginosamente. De acordo com o censo populacional de 2023, os indígenas do Brasil são algo em torno de 1 milhão e 700 mil. Ao que parece, porém, esse número tem crescido, com mais e mais brasileiros declarando-se indígenas, ostentando tal identidade e afrontando regras tácitas da nação brasileira que, durante muito tempo, fizeram com que ser indígena fosse para muita gente algo vergonhoso.

Estudiosos dos povos indígenas utilizam classificações variadas e provisórias para tentar entender sua diversidade. De um ponto de vista das línguas por eles faladas, ontem e hoje, pode-se considerar dois troncos linguísticos, subdivididos em famílias, e estas, em línguas propriamente ditas. O tronco *tupi* se divide nas famílias *tupi-guarani*, *tupi-modé*, *mundurucu* e *tupari*, enquanto o tronco *macro-jê* se divide nas famílias *jê, bororo, karajá, botocudo* e *maxacali*. Cada uma dessas famílias se ramifica em muitas línguas, e em 2010 foram identificadas pelo menos 18 famílias linguísticas cujos troncos não se assemelhavam aos dois conhecidos. No total, havia cerca 274 línguas faladas por mais de 300 povos. Outras línguas, praticadas no passado, já não existem mais. Há ainda critérios alternativos de classificação, de acordo com demais aspectos culturais, regiões de moradia, formas de autoidentificação etc.

Nenhum desses critérios, porém, norteou a história inicial das relações entre povos indígenas e nação brasileira. Tais povos sempre possuíram seus próprios modos de identificação e diferenciação. Um desses modos, vigente à época da chegada dos portugueses, era uma dicotomia básica, de origem tupi, e que agrupava indígenas de línguas tupi, separando-os de indígenas de línguas macro-jê: *tupis* (nós) e *tapuias* (eles, os inimigos). Desde cedo, os portugueses se aproveitaram dessa dicotomia. Foram dividindo indígenas entre "bons" – isto é, aqueles que poderiam se aliar aos portugueses, ser convertidos ao cristianismo ou até se tornar súditos do rei de Portugal – e "maus" – os belicosos, para eles excessivamente selvagens e que deveriam ser escravizados ou exterminados. A dicotomia entre *tupi* e *tapuia* ganhou um novo sentido, fortemente estereotipada, segundo a necessidade colonial de estabelecer alianças e definir confrontos com os povos originários do continente americano.

Nem sempre, porém, os colonizadores estiveram de pleno acordo em relação ao que fazer com essa dicotomia. Muitos portugueses escravizaram indígenas que a Coroa e a Igreja queriam evangelizar, e não era fácil identificar que nativos eram passíveis ou não de conversão. A declaração de guerra contra indígenas inimigos – a chamada "guerra justa" – era, a princípio, um atributo exclusivo da Coroa portuguesa, mas muitos colonos fizeram-na por conta própria. Já os colonizadores franceses que se estabeleceram em partes do Brasil entre os séculos XVI e XVII se aliaram com indígenas hostis aos portugueses. Os holandeses que governaram Pernambuco fizeram o mesmo, mas incorporaram, da colonização portuguesa, a dicotomia *tupi* e *tapuia*.[91]

Portugueses e outros colonizadores utilizaram o vocábulo *nação* – de origem europeia – para identificar grupos específicos de indígenas. Geralmente, utilizavam-no no plural: *nações*. Também se valeram de termos sinônimos, como *brasis*, ou *índios*, este em referência à Índia, tida como equivalente genérico

154 Formação da nação brasileira

a quaisquer territórios não europeus. Havia também termos abertamente depreciativos, como *bárbaros, selvagens, gentios, mansos, bravos* e *negros da terra.* Com a expulsão dos jesuítas do Brasil (1759) e a criação de novas políticas imperiais voltadas aos povos indígenas, aumentou o contingente daqueles que puderam passar a ser considerados súditos de Portugal e se tornar *portugueses* de nacionalidade. Claro, desde que se submetessem, política e culturalmente (e mesmo que parcialmente), ao colonizador. Ainda assim, termos depreciativos continuaram de uso corrente. Ser vassalo do rei de Portugal implicava o usufruto de certos direitos e privilégios, mas não necessariamente que tudo na vida cotidiana de um indígena melhorasse; implicava, sim, que ele mudaria seu vínculo social com uma autoridade máxima (os povos originários não tinham, propriamente, um *Estado,* ao menos não no sentido europeu). Nos termos do colonizador, ser vassalo significava também que o indígena trocaria de *nação.* Há, porém, muitos registros de indígenas que se dirigiram a autoridades portuguesas – a partir de 1822, brasileiras – reivindicando direitos condizentes com sua nova nacionalidade.

Vimos anteriormente como as primeiras definições do que era uma nação brasileira, realizadas durante e logo após a Independência do Brasil, incluíam indígenas assimilados, mas não aqueles que ainda viviam em suas próprias aldeias. Em um célebre texto dirigido à primeira Assembleia Constituinte do Brasil, em 1823, José Bonifácio de Andrada e Silva elaborou propostas para "civilizar" os povos indígenas ainda excluídos da nação, bem como acabar, aos poucos, com o tráfico negreiro. Para Bonifácio, a questão central que se colocava à época era como fazer da nação brasileira – que para ele já existia – uma "nação homogênea, sem o que nunca seremos verdadeiramente livres, respeitáveis e felizes". Sua fórmula consistia em "ir acabando com tanta heterogeneidade física e moral", em "combinar sabiamente tantos elementos discordes e contrários, e em amalgamar tantos metais diversos". Isso possibilitaria que a nação se tornasse um "todo homogêneo e compacto, que se não esfarele ao pequeno toque de qualquer nova convulsão política".

UMA FÓRMULA PARA COMBINAR
OS METAIS DIVERSOS DA NAÇÃO

"[...] E porque os Brasileiros somente continuarão a ser surdos aos gritos da razão, e da Religião cristã, e direi mais, da honra e brio Nacional? Pois somos a única Nação de sangue Europeu, que ainda comercia clara e publicamente em escravos Africanos.

Eu também sou Cristão e Filantropo; e Deus me anima para ousar levantar a minha fraca voz no meio desta Augusta Assembleia a favor da causa da justiça, e ainda da sã Política, causa a mais nobre e santa, que pode animar corações generosos e humanos. Legisladores, não temais os urros do sórdido interesse: cumpre progredir sem pavor na carreira da justiça e da regeneração política; mas todavia cumpre que sejamos precavidos e prudentes. Se o antigo Despotismo foi insensível a tudo, assim lhe convinha ser por utilidade própria: queria que fossemos um povo mesclado e heterogêneo, sem nacionalidade, e sem irmandade, para melhor nos escravizar. Graças aos Céus, e à nossa posição geográfica, já somos um Povo livre e independente. Mas como poderá haver uma Constituição liberal e duradoura em um país continuamente habitado por uma multidão imensa de escravos brutais e inimigos? Comecemos pois desde já esta grande obra pela expiação de nossos crimes e pecados velhos. Sim, não se trata somente de sermos justos, devemos também ser penitentes; devemos mostrar à face de Deus e dos outros homens, que nos arrependemos de tudo o que nesta parte temos obrado há séculos contra a justiça e contra a religião, que nos bradam acordes que *não façamos aos outros o que queremos que não nos façam a nós*. É preciso pois que cessem de uma vez os roubos, incêndios, e guerras que fomentamos entre os selvagens da África.

> É preciso que não venham mais a nossos portos milhares e milhares de negros, que morriam abafados no porão de nossos navios, mais apinhados que fardos de fazenda: é preciso que cessem de uma vez todas essas mortes e martírios sem conto, com que flagelávamos e flagelamos ainda esses desgraçados em nosso próprio território. É tempo pois, e mais que tempo, que acabemos com um tráfico tão bárbaro e carniceiro; é tempo também que vamos acabando gradualmente até os últimos vestígios da escravidão entre nós, para que venhamos a formar em poucas gerações uma Nação homogênea, sem o que nunca seremos verdadeiramente livres, respeitáveis e felizes. É da maior necessidade ir acabando tanta heterogeneidade física e civil; cuidemos pois desde já em combinar sabiamente tantos elementos discordes e contrários, e em *amalgamar* tantos metais diversos, para que saia um Todo homogêneo e compacto, que se não esfarele ao pequeno toque de qualquer nova convulsão política. Mas que ciência química e que desteridade não são precisas aos operadores de tão grande e difícil manipulação? Sejamos pois sábios e prudentes, porém constantes sempre.
>
> Com efeito, Senhores, Nação nenhuma talvez pecou mais contra a humanidade do que a Portuguesa, de que fazíamos outrora parte [...].
>
> (José Bonifácio de Andrada e Silva, *Representação à Assembleia Constituinte e Legislativa do Império do Brasil sobre a escravatura*, Paris, Firmin Didot, 1825, pp. 6-8.)

O projeto de Constituição de 1823 fez uma pequena menção à necessidade de "civilizar" povos indígenas, mas a Constituição de 1824 sequer os mencionou. Aquela parcela das populações indígenas excluídas da nação brasileira demoraria muito para ver modificada essa situação, pautada quase sempre por uma limitada e violenta perspectiva de assimilação. Caberia aos indígenas "selvagens" se adaptarem à "civilização" brasileira que lhes estava sendo imposta, e que não abrigava qualquer respeito a suas particularidades socioculturais e econômicas. Nesse sentido, a nação brasileira deu continuidade, no século XIX, a uma concepção de integração indígena de origem colonial, que forçosamente implicava a destruição de sua cultura. Quanto aos indígenas já assimilados, e que podiam se tornar cidadãos brasileiros, estes padeceriam dos efeitos de uma inclusão ambígua, mal definida. Como mostram estudos como os da historiadora Fernanda Sposito, essa inclusão costumava implicar que, ao se tornarem cidadãos brasileiros, os indígenas limitavam sua própria condição de indígenas, pois a sociedade que os acolhia pouco ou nada permitia sua distinção em relação aos demais brasileiros. E os que não se submetessem a essa lógica deveriam simplesmente desaparecer.

Em 27 de outubro de 1831, a escravidão de povos indígenas do Brasil foi formalmente abolida, mas seu trabalho continuou a ser explorado de várias formas, inclusive forçadas; também foi abolida a possibilidade de o Estado promover campanhas de extermínio contra eles, as chamadas "guerras justas" (como as que haviam sido declaradas por D. João, em 1808, e até aqui vigentes). O Ato Adicional de 1834, marco importante no processo de consolidação articulado entre a nação e o Estado brasileiro, indicou que caberia às províncias do Império promoverem a catequese e a "civilização" dos povos indígenas que, assim, poderiam continuar a se converter – ao menos em tese – em cidadãos. Cada vez mais, *civilização* e *nação brasileira* se tornavam sinônimos. Essa perspectiva foi reforçada em 1845 com o *Regulamento acerca das missões de catequese e civilização dos índios*, que previu uma série de medidas de proteção e assimilação dos indígenas nos planos religioso, econômico, de acesso à terra, militar, educativo, sanitário e de segurança pública. O regulamento estava pautado pela perspectiva de imposição aos então chamados "índios" de uma cultura alheia, condição de seu ingresso na nação brasileira.

158 Formação da nação brasileira

Em 1854, um regulamento de execução da Lei de Terras de 1850 – outro marco na consolidação da nação e do Estado brasileiros – deu continuidade à perspectiva de assimilação e "civilização" dos indígenas não assimilados. A Constituição republicana de 1891, embora tenha alterado quase tudo da Constituição imperial de 1824, seguiu sem abordar diretamente as questões dos povos indígenas, que seguiam sendo de atribuição das províncias.[92]

Enquanto o Estado assim se comportava, houve quem defendesse que a nação brasileira deveria apenas aguardar a gradual e inevitável desaparição dos povos indígenas; ou então, que caberia ao Estado promover o seu extermínio. Um dos defensores de tal política foi o médico e naturalista alemão Hermann von Ihering (1850-1930), que se tornou o primeiro diretor do Museu Paulista, também conhecido como Museu do Ipiranga, em São Paulo. Para ele, os caingangues da província, por serem violentos, eram um empecilho à civilização do território paulista, e por isso deveriam ser todos mortos. Tempos depois, muitos brasileiros pensaram ou praticaram coisas semelhantes, por vezes de modo informal ou por pura diversão. Em 20 de abril de 1997, Antonio Novely, Eron Chaves de Oliveira, Gutemberg Nader de Almeida Júnior, Max Rogério Alves e Tomás Oliveira de Almeida, jovens entre 17 e 19 anos oriundos de ricas famílias do Distrito Federal, atearam fogo no indígena pataxó Galdino Jesus dos Santos, que tinha acabado de participar das comemorações do Dia do Índio em Brasília e dormia em um ponto de ônibus. À polícia, os assassinos disseram tratar-se de uma brincadeira. Um ano depois, em discurso proferido na Câmara dos Deputados, o então parlamentar Jair Bolsonaro afirmou que "a cavalaria brasileira foi muito incompetente. Competente, sim, foi a cavalaria norte-americana, que dizimou seus índios no passado e hoje em dia não tem esse problema no país", para logo em seguida emendar: "se bem que não prego que façam a mesma coisa com o índio brasileiro".[93]

Desde sempre houve quem se valesse de outra maneira de extermínio, mais sutil: a invenção de que certos indígenas, simplesmente, não existiram. Pouco ou nada mencionados nas experiências constitucionais que estavam formando a nação brasileira, eles continuariam a "desaparecer" de quando em quando. Em 1826, na primeira legislatura parlamentar brasileira, a Assembleia Geral solicitou às províncias uma descrição da situação dos indígenas em cada uma delas; algumas afirmaram que tais povos simplesmente não existiam mais. Tempos depois, a Biblioteca do Exército publicou um livro, de autoria do coronel Carlos Alberto Lima Menna Barreto, *A farsa ianomâmi* (1995), que afirmava que os yanomami eram uma invenção de pessoas contrárias à exploração econômica e ao exercício da soberania nacional em terras amazônicas. Ainda hoje há quem utilize seus argumentos, em geral para aplicá-los contra a demarcação de terras indígenas. Algo semelhante ocorreu com os botocudos, que em várias ocasiões dos séculos XIX e XX foram declarados extintos. Em um livro – este, sério e bem fundamentado – lançado em 2018, *A saga dos botocudos*, o historiador Marco Morel realizou uma ampla análise de registros e representações textuais e imagéticas acerca dos botocudos, fazendo-se inclusive fotografar ao lado de alguns deles. Todos de verdade.[94]

Parcialmente invisibilizados, escassamente integrados, quase nunca compreendidos, frequentemente exterminados, os povos indígenas sempre ocuparam posições amplamente desfavoráveis na história da nação brasileira. Mas essa história não foi sempre a mesma, ela não é um bloco monolítico estanque. Ela nos mostra também momentos de transformação. Tais momentos correspondem a variações de ideias e projetos de nação brasileira, bem como a condições práticas de sua existência como uma comunidade que os povos indígenas, deliberadamente ou não, têm ajudado a remodelar.

O século XX conheceu uma transição lenta, sinuosa e ainda em curso, de políticas nacionais pautadas pela ideia de assimilação e civilização dos indígenas, para outras abertas ao reconhecimento de suas especificidades, interesses e de seu direito à autogestão; embora tal reconhecimento continue a implicar, muitas vezes, a limitação ou negação de sua própria condição de indígenas.

Em 1910 foi criado o Serviço de Proteção aos Índios e Localização dos Trabalhadores Nacionais, encarregado de expandir a incorporação formal de indígenas ao mercado de trabalho e à economia brasileira. Em 1918, esse órgão foi transformado no Serviço de Proteção aos Índios, dirigido pelo engenheiro militar Cândido Mariano Rondon (1865-1958), responsável por uma série de impactantes medidas de proteção aos indígenas, porém pautadas pela persistente perspectiva de sua assimilação à nação brasileira de acordo com padrões societários a eles estranhos. Prova disso é que o Código Civil de 1916 (implementado no ano seguinte), seguindo uma diretriz filosófica advinda do positivismo muito em voga à época, tinha estabelecido que os indígenas do Brasil eram equivalentes a menores de idade, pessoas irresponsáveis, infantis e atrasadas que deveriam ser estimuladas a crescer e se civilizar sob a tutela do Serviço de Proteção aos Índios (tutela transferida ao Estado em 1928).

Havia, porém, outras formas de pensar e de agir. Em 1912, João Mendes de Almeida Júnior publicou o livro *Os indígenas do Brasil, seus direitos individuais e políticos*, que trouxe uma pioneira fundamentação jurídica do direito dos povos originários à terra. Entre as décadas de 1920 e 1940 houve uma incipiente mobilização política de grupos indígenas dados como extintos ou inexistentes, que passaram a atuar em defesa de seu reconhecimento. Em parte como resultado dessa mobilização, em parte em função da atuação de outras forças políticas, a Constituição de 1934 reafirmou a possibilidade de reconhecimento de terras indígenas estabelecida lá no *Regulamento* dos tempos do Império, a ela agregando de modo explícito uma série de direitos que seriam mantidos nas constituições subsequentes (1937 e 1946). E em 1939 foi criado o Conselho Nacional de Proteção aos Índios, integrado por antropólogos críticos à concepção e às políticas de assimilação e civilização dos povos indígenas. Algumas brechas nessa herança colonial estavam sendo abertas.

Essa herança foi retomada com força pela ditadura militar (1964-1985). Com o intuito de fortalecer a soberania nacional em territórios interioranos e utilizar os povos indígenas em grandes projetos de exploração econômica e de infraestrutura, o Estado brasileiro mais uma vez impeliu-os violentamente a se adaptarem a padrões societários a eles estranhos. Exemplos de medidas representativas desse momento são o *Estatuto do Índio*, de 1973, que previa o isolamento de indígenas em áreas específicas e concentrava políticas relativas ao tema em Brasília, esvaziando a atuação dos movimentos não governamentais de defesa dos povos indígenas; e as grandes remoções populacionais resultantes da construção da Rodovia BR-230, ou Transamazônica, uma gigantesca obra inacabada inaugurada em 1972 da qual estima-se que resultaram mais de 8 mil indígenas mortos. Cinco anos antes (1967), diante de denúncias de corrupção e abusos, o Serviço de Proteção aos Índios tinha sido extinto, dando lugar à Fundação Nacional do Índio (Funai).

A Constituição de 1967 manteve o direito de reconhecimento de terras indígenas, fortalecendo tal possibilidade, ao menos juridicamente, pelo fato de que, a partir de então, tais terras seriam consideradas da União (se essas terras ficariam mesmo com indígenas era outra questão). A Emenda Constitucional de 1969 afirmou, de modo contundente, em seu artigo 198, que "as terras habitadas pelos silvícolas são inalienáveis nos termos que a lei federal determinar, a eles cabendo sua posse permanente e ficando reconhecido o seu direito ao usufruto exclusivo das riquezas naturais e de todas as utilidades nelas existentes". Porém, o fato de não haver uma definição clara do que seriam essas terras "habitadas pelos silvícolas" legou à posteridade uma questão ainda atual: habitadas como e desde quando? Onde começariam e terminariam tais terras? Em finais da década de 1960 e pelas duas seguintes, os movimentos e instituições em defesa dos povos originários foram crescendo e se fortalecendo, principalmente aqueles protagonizados pelos próprios indígenas. Por exemplo, o Centro Ecumênico de Informação (recriado em 1968), a Operação Anchieta (1969), o Conselho Indigenista Missionário (1972), as Comissões Pró-Índio de São Paulo (1978) e do Acre (1979), o Centro de Trabalho Indigenista (1979), a União das Nações Indígenas (1979) e a Federação das Organizações Indígenas do Rio Negro (1987). Todas essas instituições colaboraram para que a Constituição de 1988 se tornasse um marco de transformação na história da nação brasileira em sua relação com os povos indígenas.

Promulgada em 5 de outubro de 1988, nossa atual Constituição dedicou uma inédita atenção aos povos indígenas, concentrada no Título VIII, "Da Ordem Social", capítulo VIII, "Dos Índios", em seus artigos 231 e 232. Nela foram descartadas as concepções de assimilação (mais antiga) e de tutela (mais recente), que concebiam a necessidade de se promover uma suposta evolução cultural do indígena que permitisse sua entrada na nação. Tais concepções deram lugar ao direito à diferença, com o reconhecimento formal legal do modo de vida, línguas e tradições dos povos indígenas. Houve, ainda, a reafirmação de seu tradicional direito a terras originalmente ocupadas. Foi a Constituição de 1988 que, ao menos em termos jurídicos, assegurou aos povos indígenas uma ampla cidadania étnica (cultural) e nacional que, desde 1822, lhes vinha sendo majoritariamente negada.

Desde então, os espaços de participação indígena na nação brasileira continuam a crescer, seja em termos de ideias e projetos acerca dessa nação, seja em termos de sua prática comunitária concreta. Em 1989, a Organização Internacional do Trabalho formulou uma convenção *Sobre Povos Indígenas e Tribais em Estados Independentes*, definindo que o critério principal de identificação e reconhecimento de um povo indígena passaria a ser sua própria identidade, e não mais classificações arbitrárias externas, alheias ao próprio povo (para efeito de políticas públicas, o Brasil passou a adotar esse critério em 2002). E novas e pujantes organizações indígenas foram sendo criadas, tais como a Confederação das Organizações Indígenas da Amazônia Brasileira (1989), a Articulação dos Povos e Organizações Indígenas do Nordeste, Minas Gerais e Espírito Santo (1990), a Articulação dos Povos Indígenas do Pantanal e Região (2007), a Articulação dos Povos Indígenas do Sul (2006), a Articulação dos Povos Indígenas do Brasil (2005) e a Articulação dos Povos Indígenas do Sudeste (2009). A *Declaração das Nações Unidas sobre os Direitos dos Povos Indígenas* (2007) ofereceu várias proteções e garantias, em nível mundial, para direitos e interesses indígenas que, como vimos, no Brasil vinham se tonificando há décadas.[95]

Não se trata, porém, de uma história naturalmente progressiva ou fadada a atingir um ponto de perfeição. O crescimento da participação indígena na nação é resultado de alterações em condições históricas de pensamento e ação. As transformações das relações entre nação brasileira e povos indígenas ocorridas nas últimas décadas nos mostram uma profunda revisão de alguns pressupostos históricos dessa nação. Afinal, aqueles indígenas que antes deveriam ser assimilados ou exterminados já não o são mais, ao menos em termos jurídicos; e aqueles que antes tinham sido incluídos de maneira precária têm recebido crescentes estímulos para, talvez um dia, se tornarem tão brasileiros quanto as demais pessoas incluídas nessa nacionalidade. O que não significa, evidentemente, que todos os indígenas existentes no Brasil queiram, efetivamente, ser brasileiros.

Em toda a sua diversidade societária, histórica e cultural, os indígenas do Brasil também apresentam diversidade política. Há aqueles que já se sentem plenamente brasileiros, ou simplesmente não estão preocupados com a questão; outros reivindicam a condição de brasileiros simultaneamente a sua condição de indígenas, defendendo seus próprios interesses e atuando em espaços institucionais ligados ao Estado ou com o apoio deles, como os poderes Executivo, Legislativo e Judiciário, ou instituições de ensino. Porém, há vozes indígenas que defendem a incompatibilidade entre *nação brasileira* e *nações indígenas*, eventualmente até rejeitando a própria palavra *nação* – dada sua conotação europeia e colonizadora – como designação de coletividades que não teriam nenhum motivo para viver em uma relação de subordinação com uma nação brasileira a elas antagônica. Ser *brasileiro*, nessa perspectiva, implicaria, inevitavelmente, deixar de ser indígena, isto é, deixar de ser *tupinambá, kaiapó, guarani, yanomami, pataxó, krenak, bororo, mundurucu* etc. Ou outras coisas, a depender das referências identitárias escolhidas pelos próprios indígenas.

Em um depoimento especialmente oferecido a este livro, Casé Angatu (1963-), historiador e importante liderança indígena atual, nos dá sua visão dessa questão.

MUDAR A NAÇÃO OU ROMPER COM ELA

"Os povos originários têm diferenças. O ponto que unifica esses povos é a nossa relação natural, congênita, espiritual com a terra e com a natureza, que é um elemento de união, de unificação. Mas existem indígenas que extrapolam isso, e que se relacionam com o Estado de diferentes formas. Nós temos indígenas no atual governo federal, que criou o Ministério dos Povos Indígenas, temos uma mulher indígena no governo, temos uma mulher indígena presidindo a Funai, temos indígenas em partidos políticos, vereadores, prefeitos. Na minha comunidade, temos indígena que é vereador. Mas eu não consigo me encontrar nessa ordem do jogo político. A maioria dos povos originários luta por direitos perante o Estado brasileiro, mas eu pertenço a um grupo de pessoas indígenas que não acredita que esses direitos e esse Estado brasileiro são capazes de garantir os direitos dos povos originários. Não quer dizer que eu não lute por eles. Mas eu não tenho nenhuma ilusão com isso. Então minha fala não é representativa de todo um povo, de toda uma comunidade ou de todos os povos originários. Os povos originários têm a Articulação dos Povos Indígenas do Brasil e outras associações. Existem caciques, as lideranças, e só na minha comunidade são mais de catorze caciques. Conforme eu disse, todos temos elementos comuns, a defesa da natureza, mas com relações diferenciadas quanto ao Estado nacional e à nação. Minha fala diz respeito apenas a um grupo de indígenas que vê com profunda desconfiança – que não acredita mesmo – no Estado e na nação brasileira. E olha que não estou falando de Estado plurinacional, como algumas nações têm proposto. Estou falando de emancipação mesmo. É essa minha inspiração. Mas essa inspiração é nesse momento minoritária – eu tenho muita clareza disso – entre os povos originários no Brasil.

> Na minha compreensão, enquanto indígena e historiador, a nação não faz nenhum sentido. Na minha criação, os mais velhos tinham uma repulsa em relação à ordem estatal, às ordens jurídicas, ao ordenamento e a essa ideia de nação brasileira. A ideia de povo tem mais sentido, porque representa uma ideia de coletividade. De coletivo. Nós somos sujeitos naturalmente coletivos. Agora, quanto a ideias de nação, de Estado e de pátria, fico com as análises de Silvia Cusicanqui (intelectual indígena boliviana): elas não são representativas das origens, das tradições dos povos originários. Mas não posso falar que todo o meu povo – o povo tupinambá, com quem eu moro – pensa assim. Insisto: existem tupinambás que estão no Estado brasileiro, que usam a camiseta da seleção brasileira, que gostam de ser brasileiros. Então fica muito claro que, para alguns, o sentido de nação, de nação brasileira, tem valia em relação ao povo ao qual ele pertence.
>
> Historicamente, o Estado brasileiro e a nação brasileira sempre nos traíram nas relações que temos estabelecido. Por isso, eu trabalho com a ideia da ruptura. Mas essa é uma ideia que tem pouca repercussão no movimento indígena brasileiro. Eu a utilizo mais como forma de construir, entre meus parentes indígenas, junto com os povos originários, um pensamento crítico com relação ao Estado e à nação brasileiros."
>
> (Casé Angatu, historiador e liderança indígena, em depoimento ao autor, outubro de 2023.)

Se a história da nação brasileira tem sido, desde a sua consolidação em meados do século XIX até os dias de hoje, uma história de variações sobre um mesmo tema, podemos imaginar que haja um limite para a acomodação dessas variações, para além do qual a nação brasileira teria, forçosamente, que passar por uma transformação mais profunda do que aquelas que ela tem experimentado até o momento? A realidade dos povos indígenas nos oferece um rico manancial de reflexão a esse respeito.

NEGROS

Nos primórdios de nossa nação, populações negras, a exemplo das indígenas, receberam tratamentos variados. Pessoas livres poderiam se tornar cidadãs e serem contempladas pela nova nacionalidade; já os escravos seriam excluídos da nação, e nela só poderiam ingressar se mudassem sua condição. Livres ou cativos, porém, todos os negros estariam vulneráveis ao estigma racial dos tempos coloniais, que os inferiorizava no cotidiano da sociedade brasileira. De lá para cá, essa situação foi conhecendo transformações, correspondentes a revisões de valores pelas quais foi passando a nação brasileira. Mas de algumas maneiras, ela também se mantém nos dias de hoje.

Antes de prosseguirmos, um esclarecimento. Como historiadores, somos os primeiros a reconhecer que, queiramos ou não, nossa linguagem analítica é parte da língua mais ampla usada em nossa sociedade, língua essa que possui muitas formas de se expressar. Em uma língua, tudo está sempre em mudança, e como qualquer fenômeno social, ela carrega marcas de seu tempo. As linguagens específicas empregadas em salas de aula, em grupos de pesquisa e em livros como este têm algumas características próprias, dentre elas, uma certa estabilidade, uma certa resistência a mudar no mesmo ritmo que outras linguagens ao nosso redor. Para que haja acúmulo de experiência entre gerações, e para que novos conhecimentos possam ser produzidos, tais linguagens precisam de alguma permanência.

É por isso que aqui utilizamos a palavra *escravo*, exatamente no mesmo sentido que outros usam *escravizado*: nenhuma das duas pressupõe que o ser humano que foi submetido à escravidão devesse necessariamente a ela se submeter (o que seria um descalabro), tampouco que tal regime fosse natural ou imprescindível naquelas sociedades do passado em que ele existiu. A escravidão, como qualquer forma de dominação entre seres humanos, é sempre histórica, jamais natural. Empregamos, então, uma linguagem semelhante à de historiadores e historiadoras que, antes de nós, já estavam pensando as questões que aqui abordamos, e com os quais aprendemos a pensar. O mesmo pode ser dito de *afro* e seus derivados, como *afro-americano*, *afro-brasileiro* e, principalmente, *afrodescendente*, termos que também empregamos, embora conheçam alguma resistência por darem a falsa impressão de que apenas negros e seus descendentes diretos foram oriundos da África Subsaariana, quando bem sabemos que, a rigor, toda a humanidade começou a surgir naquela região.

Sempre que um aluno nos pergunta o que fazer diante de linguagens tão fluidas e indeterminadas como as que habitam nosso mundo atual, e uma vez que é necessário utilizar alguma delas na análise social, respondemos: empregue palavras e definições capazes de explicar algo, mas que também possam ser, elas mesmas, objeto de explicação. Está tudo bem com nossa linguagem se ela é precisa, se somos conscientes de seu uso e responsáveis por seus significados, e se formos capazes de explicá-los a quem não os entender devidamente.

Entre os séculos XVI e XIX, aproximadamente 10,7 milhões de africanos sobreviveram à travessia do Atlântico e foram obrigados a se sujeitar à escravidão no continente americano (outros milhares morreram no caminho ou logo após a chegada). Desse total, o Brasil recebeu em torno de 4,8 milhões, com um detalhe importante: até fins do século XVIII esse número vinha crescendo com algumas oscilações, mas após a chegada da família real (1808), ele deu um salto e continuou a crescer em um patamar muito mais elevado. Seu declínio começou somente a partir de 1831, com a abolição do tráfico negreiro legal, para terminar de vez em 1850. Trocando em miúdos: entre 1781 e 1810, chegaram ao Brasil cerca de 650 mil escravos africanos; entre 1811 e 1830, 750 mil; e entre 1831 e 1850, mesmo com o declínio do tráfico, 700 mil (já mencionamos antes que, mais ou menos nesse mesmo período, entre 7 e 8 mil negros livres deixaram o Brasil para viver definitivamente na África).[96]

Conclusão: quando a nação brasileira começou a se formar, a escravidão no Brasil estava nas alturas. Não por um acaso, nossa nação carregou e ainda carrega marcas da presença constante de populações africanas e afrodescendentes e do regime escravocrata ao qual parte delas esteve, por tanto tempo, submetida.

Os escravos que chegaram ao Brasil eram originários de três regiões. Em torno de 70% vieram da África centro-ocidental (hoje partes de Angola, República Democrática do Congo, Congo e Gabão), 18% vieram da África ocidental (atualmente Nigéria, Níger, Benin e Togo) e 6% vieram da África do leste (Moçambique, Malawi, Zâmbia, Tanzânia e Madagascar). Os restantes 6% vieram de outras áreas, hoje esparramadas por Camarões, São Tomé e Príncipe, Guiné Equatorial, Gana, Costa do Marfim, Libéria, Serra Leoa, Guiné Bissau, Gambia, Senegal e Cabo Verde.[97]

A população escrava do Brasil nunca se limitou às pessoas que aqui desembarcavam. Uma parte significativa nascia, já escrava, no próprio Brasil. Algumas regiões coloniais chegaram a ter de 30% da população formada por escravos, mas como havia regiões com porcentagem inferior, a média do Brasil costumava ser menor. Em 1823, quando a nação brasileira estava começando a se formar, 29% dos habitantes do país eram escravos e negros livres. Hoje, 56% dos brasileiros podem ser considerados, segundo diferentes critérios, negros. Mais da metade dos brasileiros.

Embora a nação brasileira tenha surgido e se consolidado a partir de um projeto que favorecia pessoas brancas, ela sempre foi, como comunidade real e concreta, uma nação também negra. Nem sempre ou quase nunca, porém, essa negritude foi assumida e respeitada.

Os africanos que chegaram ao Brasil tinham suas próprias identidades, mas não havia uma única que os unificasse. Esse é um erro comum quando se estuda a história da África: atribuir às populações do continente uma unidade comum que elas não tinham. A África, como qualquer continente, sempre foi formada por territórios com perfis políticos, econômicos, territoriais e culturais variados. A invenção de uma identidade africana ocorreria muito tempo depois, no século XX, e ainda assim seria um fenômeno pontual, incapaz de se sobrepor à diversidade identitária do continente.

Segundo o antropólogo Luís Parés, as identidades das populações africanas trazidas ao Brasil eram de dois tipos principais: uma mais política, relacionada a seus territórios de origem, e outra mais étnica, ligada a suas religiões, línguas e outros aspectos culturais. O tráfico negreiro, ao misturar gente de diferentes lugares, teria enfraquecido as identidades políticas, reforçando as étnicas. Com exceções, claro. Os quilombos, por exemplo, comunidades formadas por escravos fugidos do cativeiro, ofereciam a seus habitantes novas bases territoriais, o que tendia a criar e reforçar identidades de caráter político. De acordo com o historiador Robert Slenes, no Brasil muitos africanos e seus descendentes superaram diferenças e hostilidades originárias recíprocas e desenvolveram, em seu novo lugar e segundo sua nova condição, laços comunitários comuns com correspondentes novas identidades.[98]

A transformação de identidades africanas em identidades afro-americanas – após 1822, também afro-brasileiras – foi um processo constante e diversificado. O termo *nação* era usado pelos europeus e seus descendentes como alteridade grupal, como meio de se identificar um povo estranho ou estrangeiro, e em diferentes momentos passou a ser usado também por povos africanos. No Brasil, a palavra foi largamente utilizada tanto por portugueses quanto por africanos e afrodescendentes, de acordo com critérios dos mais variados: lugar ou comunidade de origem, local de venda ou de compra, religião, língua, costumes, feições físicas, preço, suposta aptidão para o trabalho etc.

Os genericamente chamados *bantos*, da África centro-oriental, podiam ser também *cabinda, congo, monjolo, angola, cassange, songo, benguela* etc. Já os *sudaneses* da África ocidental podiam ser *cabo verde, calabar, mina, nagô, haussá, jeje, tapa* etc. Para e entre africanos vindos do leste do continente, referências comuns eram, dentre outras, *inhambane, macua, moçambique* e *sena*, além de centenas de outras, com numerosas ramificações e recombinações (havia uma exceção: o termo *nação* podia ser usado também para identificar quaisquer propriedades da família real portuguesa ou da família imperial brasileira, como escravos, fazendas ou engenhos). Alguns desses termos eram europeus ou africanos, enquanto outros eram afro-americanos. E alguns dos lugares aos quais esses termos se referiam podiam ser não exatamente de nascimento ou moradia de pessoas, mas de passagem, lugares africanos ou americanos onde elas tivessem sido escravizadas, vendidas e revendidas.

No Brasil, outra forma de referir aos escravos os classificava simplesmente em dois grupos: os nascidos na África e comercializados com o Brasil e os já nascidos no Brasil. Os nascidos na África eram considerados todos de uma mesma cor (em geral, *preto* ou *negro*), e recebiam a classificação

172 Formação da nação brasileira

genérica *africano*; menos valorizados, eram chamados também de *boçais*, um termo depreciativo que em nossa língua existe até hoje. Já os escravos nascidos no Brasil eram classificados com variações de cor, como *crioulo* e *pardo* (miscigenações com brancos) ou *cafuzo, cariboca, mestiço, cabra* e *bode* (misturas de negros com indígenas). A partir de 1822, *cabras* e *bodes* viraram também xingamentos contra portugueses contrários à Independência do Brasil. Mais caros do que os escravos africanos de nascença, os do Brasil eram chamados ainda de *ladinos* ou *novos*, outro termo – este, positivo – que se mantém em nossa língua.

Mas havia muita ambiguidade. *Crioulo* podia ser um negro nascido no Brasil, mas também em outras colônias portuguesas, inclusive na África. Alguns termos eram usados indistintamente para nascidos no Brasil ou na África, como *negro* e *preto*. Escravos *boçais* e *ladinos* com frequência recebiam gradações: *meio boçais, meio novos* ou *meio ladinos*.

Na África, nomes próprios podiam combinar locais de nascimento, nomes cerimoniais e nomes afetivos. No Brasil, os escravos recebiam nomes cristãos com uma combinação de critérios, que resultavam, por exemplo, em *Maria parda, Antônio ladino congo, João crioulo da Bahia* ou *Joana natural de Moçambique*. Por vezes, o termo *nação* entrava aí, como em *Luzia negra de nação Angola*, e um ex-escravo podia ter agregado ao seu nome as palavras *forro, liberto* ou *livre*. Era normal também uma identificação por dois nomes simultâneos: um originário da África, outro da América.

Classificações inventadas por brancos com frequência eram tomadas no Brasil, por africanos e afrodescendentes, como identidades próprias, gerando diferenciações recíprocas. Um *pardo*, por ter algum parente branco, distinguia-se de um *crioulo*, mas ambos podiam se colocar em posição superior a um *cabra* ou *bode*. Em algumas regiões, escravos parecem ter preferido a autoidentificação *crioulo* à de *negro*, sendo *preto* mais neutra. Diferentes locais de nascimento poderiam ser ignorados em prol do pertencimento a uma mesma irmandade religiosa, e escravos de uma mesma religião e cor poderia se diferenciar reciprocamente segundo o tipo particular de trabalho que cada um desempenhava.[99]

O historiador João Reis nos mostra que, em 1835, quando centenas de negros foram interrogados pelas autoridades brasileiras por suspeita de envolvimento na grande Revolta dos Malês – que propôs uma guerra racial contra brancos e negros nascidos no Brasil –, vários se referiram à Bahia como "terra de branco", em oposição a seus lugares de origem na África, que eram "terra de preto". E parece ter havido um generalizado sentimento de superioridade entre aqueles conhecidos como *negros mina*: a princípio, essa identidade se referia a escravos oriundos de uma parte específica da África ocidental (atuais Gana, Togo, Benin e Nigéria), ou àqueles embarcados no forte de São Jorge da Mina (hoje em Elmina, Gana). No século XIX, ela se tornou comum entre escravos muçulmanos que ostentavam com orgulho sua condição identitária.[100]

Todas essas classificações e identidades podiam variar se utilizadas, digamos, no Rio de Janeiro, em Minas Gerais, na Bahia, em Pernambuco, no Maranhão, no Pará ou no Rio Grande do Sul, ou ainda dentro dessas regiões. Elas não revelavam divisões rígidas e concretas, mas a variedade e a complexidade de um enorme laboratório identitário com o qual a referência uniformizadora *nação brasileira*, criada em começos do século XIX, teve que lidar.

Como foi que a nação brasileira lidou, de início, com as identidades negras advindas da escravidão? Para a autorreferência de pessoas negras, muitas das quais, aliás, não se viram diretamente atingidas pela criação da nova nação, identidades mais antigas continuaram a ser utilizadas; para efeitos mercadológicos, classificações que implicavam variações nos preços dos escravos também se mantiveram. Mas para a emergente nação brasileira, o que mais interessava era, simplesmente, diferenciar negros *livres* de *cativos*. A nação brasileira empobreceu a diversidade identitária de afrodescendentes que viviam no Brasil, simplificando-a de acordo com um critério binário. Parte dessa diversidade, porém, resistiu.

Ao longo do século XIX, revoltas escravas foram frequentes em todo o país. A Revolta dos Malês talvez seja a mais conhecida, mas houve centenas de outras. Em 1835, foi promulgada uma lei que estabeleceu processos sumários e pena de morte contra escravos que ferissem ou matassem um senhor, sua família ou seus administradores, mas mesmo assim as revoltas continuaram a ocorrer (só entre 1860 e 1864 foram registradas 63).[101] Em geral, revoltas escravas não expressavam anseios de inclusão na nação brasileira, tampouco projetos de nações opostas à nação brasileira. Nem seria de esperar outra coisa da parte de escravos ocupados demais em amortizar suas duríssimas condições de vida. Mesmo assim, elas se relacionavam com o surgimento e a consolidação da nação brasileira, pois traduziam uma contradição entre uma nação que nascera incluindo um grande contingente populacional negro (livres), ao mesmo tempo que excluindo outro igualmente grande (de cativos), e que se movia por critérios de hierarquização social que incluíam preceitos racistas.

Justamente por se comprometer com a inclusão de todos os negros livres nascidos no Brasil, e que segundo a Constituição de 1824 eram considerados cidadãos, a nação brasileira provocou, desde o seu surgimento, poderosas reações não propriamente contrárias a essa inclusão, mas compensatórias do alargamento social que ela provocava. À violência da escravidão e do controle social, as ideias e os projetos de branqueamento e europeização da nação brasileira acrescentaram a brutalidade da rejeição cultural e do racismo.

Raças são invenções de mentes humanas que, por vários motivos e com diferentes métodos, buscaram formas de dominação, exclusão e inferiorização social. Raças não existem na natureza, tampouco são categorias biológicas objetivas. Elas são sempre construções sociais dotadas de conotações políticas e ideológicas. No Brasil, a ideia de raça invariavelmente serviu à inferiorização e exclusão do negro, fosse ele escravo ou livre. O mesmo ocorreu, ainda que em menor escala, com uma raça inventada como sendo intermediária à de brancos e negros: os mulatos. Na história da nação brasileira, as raças quase sempre estiveram associadas a um ideal de branqueamento e europeização dos brasileiros.[102] Jamais, porém, esse ideal conseguiu se afirmar plenamente. Afinal, como fazer desaparecer a negritude, em suas muitas facetas, que desde sempre foi constitutiva tanto do Brasil colonial como do Brasil nacional?

De um ponto de vista demográfico e biológico, podemos chamar a mistura entre diferentes indivíduos e culturas, de *miscigenação*. Tomemos essa palavra, então, como descritiva de um processo absolutamente corriqueiro e normal na trajetória humana. Já de um ponto de vista político, ideológico e de dominação, essa mistura pode ser chamada de *mestiçagem*. Pelo menos na história da nação brasileira, tem sido assim.

Como bem nos mostra o antropólogo Kabengele Munanga, a exaltação da mestiçagem no Brasil quase sempre foi – e continua a ser – sintoma de uma variação racista da nação brasileira, cujas consequências, deliberadas ou não, são a legitimação de tentativas de redução demográfica de populações negras, o esvaziamento de suas identidades coletivas e o enfraquecimento de mobilizações e organizações em defesa da integração do negro na sociedade. Uma versão alternativa a essa variação racista da nação afirmou, por um bom tempo, que a miscigenação não seria benéfica, mas maléfica, pois ela levaria a uma degeneração do sangue (outra construção social) europeu pela mistura com sangue negro e indígena. A correção a essa suposta degeneração seria, então, a promoção da imigração europeia e branca, que com o tempo iria "limpando" o sangue misturado e supostamente contaminado dos brasileiros.[103]

Essa concepção racista de uma nação brasileira idealmente não negra, pura, europeia e civilizada se enraizou em nossa sociedade. Prova disso é o fato de que ela conseguiu fazer até mesmo com que muitos negros a incorporassem, fazendo de uma identidade branca o seu ideal. Em uma pesquisa realizada a partir do censo populacional de 1980, o historiador Clóvis Moura analisou as respostas à pergunta: "qual é a cor da sua pele?". As respostas incluíam, além de *negra* e *preta*, outras 134 possibilidades, como *pretinha, moreninha, mulata, morenão, quase-negra, queimada, queimada de praia, branca suja, branca morena, meio preta, meio morena, café com leite, cor de ouro* e *bronzeada*. Isso nos mostra como, naquela época, evitavam-se identidades explicitamente negras, e pessoas que poderiam se identificar dessa forma preferiam fazê-lo aproximando-se de identidades brancas.[104] Nas últimas décadas essa postura identitária tem mudado, mas ela ainda é comum em nosso país.

Uma das formas de promoção da mestiçagem racista foi o darwinismo social, que chegou ao Brasil nas últimas décadas do século XIX. Lendo mal e porcamente a teoria da evolução das espécies de Charles Darwin (1809-1882), e extrapolando-a livremente para os campos da Sociologia, da Antropologia e da Medicina, os darwinistas sociais inventaram que os indivíduos em sociedades obedeceriam ao mesmo processo de seleção natural que os demais seres vivos na natureza, e que com isso as sociedades poderiam evoluir. O equivalente das espécies de Darwin seriam as raças: as supostamente fracas e degeneradas deveriam desaparecer para que as mais fortes prosperassem e, assim, purificassem a sociedade.

O darwinismo social foi fortemente influenciado pelo prestígio, no século XIX, de um conceito de *progresso* que afirmava, de modo ingênuo e irreal, que a humanidade caminhava para o seu aperfeiçoamento, a ser incentivado e acelerado pela ação humana. No Brasil, esse progresso passaria pelo branqueamento de uma população fortemente miscigenada, e que deveria então ser supostamente consertada. Os defensores de tais ideias buscavam apoio em escritos de autores como Jean-Louis Agassiz (1807-1873), Joseph Arthur de Gobineau (1816-1882) e Georges de Lapouge (1854-1936).

O racismo e o darwinismo social compuseram um trio perfeito com a eugenia. Disseminada na Europa a partir da obra de Francis Galton (1822-1911), logo desembarcada no Brasil e em outros países da América, a eugenia foi um movimento científico e social baseado na falsa ideia da hereditariedade como forma de aprimorar a reprodução do indivíduo e da sociedade. Logo ela virou suposto um método de purificação racial de uma nação que há pouco tinha se comprometido com a incorporação de negros oriundos da escravidão. Em 1918, foi fundada a Sociedade Eugênica de São Paulo, e a partir daí instituições, livros, artigos, encontros médicos e projetos públicos eugenistas proliferaram. A eugenia se manteve firme no Brasil até fins da década de 1940, alimentando a crença de que a nação poderia ser extirpada dos supostos males causados não apenas por negros e seus descendentes, mas também por indígenas e gente pobre de todo tipo.

Alguns eugenistas brasileiros foram, à sua época, intelectuais influentes. É o caso de Sílvio Romero e sua *História da literatura brasileira* (1888); de Raimundo Nina Rodrigues, autor de *As raças humanas e a responsabilidade penal no Brasil* (1894); e de Francisco José de Oliveira Vianna, autor de *Populações meridionais do Brasil* (1920). No plano da literatura, uma parte da obra de José Bento Monteiro Lobato (1882-1948) se orientou por posturas eugênicas e racistas (muito lido até os dias de hoje, Monteiro Lobato é, também, cada vez mais criticado).[105]

A velha ideia de que a nação brasileira deveria ser progressivamente branqueada se associou bem com a de que povos indígenas iriam e deveriam desaparecer. As duas, somadas à defesa de uma imigração seletiva europeia, serviram de base para algumas das propostas de reconfigurações da nação brasileira mais em voga na primeira metade do século XX. O primeiro governo de Getúlio Vargas (1930-1945) acrescentou mais uma dessas reconfigurações: um forte nacionalismo. De acordo com as diretrizes políticas, econômicas e culturais varguistas, em especial a partir da ditadura iniciada em 1937, a nação brasileira estaria sendo ameaçada por certos imigrantes indesejáveis, por dissidentes políticos e por raças tidas como degeneradas. Nessa época, a eugenia serviu a uma versão da nação brasileira como cultural e racialmente homogênea, e que deveria corresponder à homogeneidade política autoritária pretendida pelo regime.

Uma síntese perfeita dessa versão da nação brasileira se encontra nas palavras de Osvaldo Aranha (1894-1960), quando ocupava o cargo de ministro das Relações Exteriores da ditadura de Vargas e promovia políticas racistas de imigração seletiva. Para ele, o "atraso político" do Brasil, que teria tornado "esta ditadura necessária", se explicaria "perfeitamente pelo nosso sangue negro. Infelizmente. Por isso estamos tentando expurgar esse sangue, construindo uma nação para todos, limpando a raça brasileira".[106]

Sempre houve exceções, gente que pensou e formulou versões da nação brasileira baseadas em miscigenações raciais e culturais vistas como positivas, que valorizou abertamente contribuições de matrizes africanas e indígenas para nossa formação social, ou ainda que lutou contra a escravidão e o racismo e a favor da integração do negro na sociedade.

Em fins do século XIX, poderosas vozes nessa direção foram as de Joaquim Nabuco (1849-1910) e Aníbal Falcão (1859-1900), além de lideranças negras como Luís Gama (1832-1882), André Rebouças (1838-1898) e José do Patrocínio (1853-1905). A partir da década de 1920 elas começaram a aumentar. Em 1935, foi elaborado um *Manifesto dos intelectuais brasileiros contra o preconceito racial*, assinado, dentre outros, por Edgard Roquette-Pinto (1884-1954), Artur Ramos (1903-1949) e Gilberto Freyre (1900-1987).[107] Também de autoria deste último, tinha sido publicado, dois anos antes, um importante livro: *Casa-grande e senzala* (1933), continuado com *Sobrados e mucambos* (1936).

Os dois livros de Freyre propuseram o que seu autor chamou de uma história da formação da sociedade patriarcal no Brasil, elaborando, no primeiro deles, sua interpretação da história colonial segundo um "equilíbrio de antagonismos": a economia e a cultura, o católico e o herege, o jesuíta e o fazendeiro, o bandeirante e o senhor de engenho, o grande proprietário e o pobre. Para Freyre, o equilíbrio entre o europeu e o africano e o europeu e o indígena, aos quais ele chama de "raciais", teria sido possível por meio da miscigenação. Reelaborando a velha ideia da mistura entre três raças primordiais que, como vimos no capítulo anterior, remontava a José Bonifácio (1763-1838), Ferdinand Denis (1798-1890) e Von Martius (1794-1868), Freyre afirmou que a miscigenação entre europeus, africanos e indígenas, a despeito de causar alguns efeitos negativos na formação da sociedade, teria sido fundamentalmente positiva. O negro e o indígena teriam feito um bem à história e à nação brasileiras. Em defesa de seu argumento, Freyre diminuiu fortemente, para os padrões de sua época, o peso biológico da ideia de raça, substituindo-a por fatores culturais.

Não tardou para que a obra de Freyre passasse a ser considerada excessivamente moderada em sua crítica culturalista ao racismo, idealizadora da miscigenação e pouco enfática na consideração da violência que sempre pautou, no Brasil, a relação entre europeus, negros e indígenas. Ao considerar uma hierarquia de contribuições culturais desiguais à formação do Brasil – primeiro a europeia, seguida da africana e finalmente a indígena –, Freyre amarrou sua obra em seu tempo, quando o peso do racismo, do darwinismo social e da eugenia ainda era forte. Um de seus primeiros e mais poderosos críticos foi Florestan Fernandes (1920-1995), um especialista em culturas indígenas que logo se dedicou ao estudo da escravidão, do problema da integração do negro na sociedade brasileira e da transição do mundo colonial ao nacional.[108] Sob a inspiração de Fernandes, outros estudiosos como Octavio Ianni (1926-2004) e Maria Sylvia de Carvalho Franco (1930-) seguiram na mesma direção, contribuindo para um melhor entendimento da violência e das formas de exclusão da nação brasileira.

Após a mobilização abolicionista de fins do século XIX, movimentos negros foram crescendo em várias regiões do país. Um marco foi a fundação da Frente Negra Brasileira (1931), que chegou a reunir 60 mil associados e, em 1936, virou um efêmero partido político. Nos estatutos dessa instituição ficava clara sua intenção de promover a inclusão do negro na nação brasileira, alargando-a mas sem afrontá-la: a "união política e social da Gente Negra Nacional" existiria "para afirmação dos direitos históricos da mesma, em virtude de sua atividade material e moral no passado e para reivindicação de seus direitos sociais e políticos, atuais, na Comunhão Brasileira", tudo "em sentido rigorosamente brasileiro".[109]

Nas décadas de 1930 e 1940, movimentos negros foram decisivos no combate a políticas e práticas de discriminação racial, na ampliação da participação formal negra em partidos eleições e instituições públicas, na multiplicação de órgãos de imprensa negros e no estabelecimento de frentes de contato (e de conflito) com outros movimentos progressistas. A partir da ditadura do Estado Novo, em 1937, essa movimentação se tornou mais difícil, voltando a crescer já nos últimos anos do governo Vargas, quando se concentrou principalmente em iniciativas culturais. Foi nesse contexto que despontou, dentre outras, a figura de Abdias do Nascimento (1914-2011), um líder muito ativo nas décadas seguintes.

Até então, parte desses movimentos era orientada por uma perspectiva de assimilação do negro à nação brasileira, semelhante à que, pela mesma época, pautava políticas e movimentos indigenistas. Sua ideia norteadora era a de que caberia aos próprios negros se adaptarem à nação que até então os excluíra, cabendo a eles a criação de condições para sua aceitação e a despeito de suas culturas e identidades próprias. Essa perspectiva perdeu força entre finais da década de 1960 e meados da década de 1970, levando à criação do Movimento Unificado contra a Discriminação Racial (1978), que, um ano depois, passou a se chamar Movimento Negro Unificado, e é muito ativo até hoje. Com o fim da ditadura, em 1985, também cresceu a participação negra na política partidária e no Estado.[110]

A exemplo da indígena, a história da exclusão e da inclusão negra na nação brasileira não é uma história naturalmente evolutiva, destinada a atingir um ponto de perfeição, mas o percurso sinuoso de uma história em permanente construção. Não se pode negar, porém, que nos últimos 200 anos a nação brasileira, mesmo preservando sua morfologia básica original, mudou. A integração do negro à nação brasileira é, a exemplo da integração indígena, um processo ainda em curso e cheio de contradições. Afinal, ser parte da nação brasileira pode implicar deixar de ser parte de outras culturas, de compartilhar de outras identidades. Retomando Kabengele Munanga, podemos dizer que em um país com enorme miscigenação, a ideia de mestiçagem ainda escamoteia a negritude dessa nação e contribui para a parcial desmobilização de movimentos e identidades negras. E o racismo ainda é uma força poderosa de produção de hierarquias e desigualdades.[111]

E por falar em racismo: o que é, afinal, *racismo estrutural*, expressão tão em voga nos dias de hoje? Não se trata, exatamente, de um tipo de preconceito em alguma medida praticado por todo mundo (se assim fosse, ele não seria um problema), tampouco de uma prática simplesmente antiga e arraigada em nosso país (há outras práticas assim que não são estruturais).

O racismo brasileiro tem suas origens na colonização portuguesa e na escravidão, sem dúvida. Mas a escravidão não começou a ser praticada por questões racistas. O que motivou fundamentalmente os portugueses e outros europeus a adotar o trabalho escravo em suas colônias foi a rentabilidade do tráfico negreiro, aliada às dificuldades da exploração indígena. Ao fazê-lo, os colonizadores pensavam resolver o problema da mão de obra em suas colônias (pois segundo os códigos sociais da época pessoas de alta estirpe não deveriam realizar trabalho braçal), ao mesmo tempo em que faturavam com um comércio altamente lucrativo, o de seres humanos. O racismo logo se desenvolveu associando pessoas negras a posições sociais baixas, por meio de um trabalho degradante.

Já vimos como nossa nação começou a surgir na época do auge do tráfico negreiro. No Brasil, a escravidão não foi exatamente *mantida* após a Independência, mas *recriada*. Ela se tornou a base da sociedade nacional (e escravista) que estava se organizando, na qual tudo, de alguma forma, passava pela existência da escravidão. Foi, portanto, uma nova escravidão, em uma sociedade nacional, ainda que baseada em velhas práticas coloniais, como o racismo.[112] O escravismo, que já era uma estrutura socioeconômica, começou a declinar com o fim do tráfico negreiro, quando a nação já estava se consolidando; e com a Abolição de 1888, definitivamente, a nação brasileira teve que se reinventar, para nela incluir muito mais negros do que antes. Com essa reinvenção da nação, muitos brasileiros desenvolveram uma compensação para o fim desse *escravismo estrutural* que deixou de existir: foi então que surgiu um *racismo estrutural*. O preconceito baseado na observação superficial da cor da pele, que já existia antes, agora ocupou o lugar do antigo escravismo e se tornou, ele próprio, uma estrutura. Não mais uma estrutura socioeconômica, mas uma estrutura sociocultural.

É por isso que o racismo – e não mais a escravidão – é um fenômeno tão resistente no Brasil de hoje. Ele não é somente um preconceito, uma prática ou um crime: ele é uma forma de se pensar e de se comportar que articula visões de mundo e contamina outras formas de pensamento e comportamento. É uma cultura com grande impacto na economia e na sociedade como um todo. O racismo se associou a padrões de indústria cultural, a linguagens cotidianas, a práticas jurídicas, mas também ao desemprego, à violência policial, ao machismo, ao preconceito, à exclusão contra imigrantes e outros grupos e à desigualdade social como um todo. E por ser uma estrutura, combatê-lo apenas como racismo, sem entender e interferir nas outras coisas da realidade a ele associadas, será sempre uma maneira superficial e inofensiva de se mexer com a nação brasileira.[113] É o que parece ocorrer atualmente, por exemplo, com muitas das campanhas antirracistas no futebol.

Hoje em dia, junto com movimentos indígenas, os movimentos negros, em suas muitas vertentes, englobam as mais poderosas forças de revisão dessa nação. Uma dessas vertentes é a de mobilização por demarcação de terras e de reconhecimento de direitos das comunidades quilombolas (herdeiras de antigos agrupamentos de negros resistentes à escravidão) e que com frequência se unem a mobilizações pela demarcação também de terras indígenas, além de outras questões políticas e sociais. É o que nos mostra uma expressiva liderança quilombola, Benedito Alves da Silva (1955-), em depoimento colhido especialmente para este livro, que nos ajuda a continuar pensando o que tem sido, é e pode vir a ser a nação brasileira.

UMA LUTA DE TODA A SOCIEDADE

"A luta quilombola é uma luta do negro em geral, mas muitas coisas estão ligadas. A luta pela educação não é só para o quilombola, é para todos os negros. A luta por alimento não é só do quilombola ou do negro, é de todos. Quando falo do alimento na questão dos quilombos, falo do direito de poder fazer a roça, de ter acesso ao crédito, e se isso é negado, então isso também está ligado ao racismo. Tem várias lutas do povo negro urbano e do povo negro não urbano que estão ligadas à luta do povo negro quilombola. Eu acho que uma liderança política tem que ver tudo aquilo que é importante para o povo. Não pode deixar nada de fora. Tem sempre que defender todos os setores da sociedade. Isso é uma liderança política. Não pode ver só um lado, deixar o outro sem ver. Uma liderança política deve ser uma liderança que coloque dentro da política aquilo que é importante para o povo brasileiro, principalmente para a classe mais pobre. Pensando nos governos federal, estadual ou municipal: tem que colocar no orçamento o custo social, certo? Pois quando a liderança estiver administrando o país, o estado ou o município, ela vai ter recurso já previsto dentro do orçamento. Então, vejo que uma liderança política tem que começar dessa forma, em tudo isso. Quando temos um governo que coloca no seu projeto as necessidades da população brasileira, ele está olhando para o povo."

(Benedito Alves da Silva, liderança quilombola, em depoimento ao autor, novembro de 2023.)

IMIGRANTES

Desde que a nação brasileira começou a se formar, populações imigrantes estrangeiras ofereceram alteridades muito úteis ao desenvolvimento, consolidação e repetição das definições de quem seriam os *brasileiros*. A mais imediata dessas alteridades foi a identidade portuguesa, com a qual a identidade brasileira foi rompendo durante o processo de independência para se

186 Formação da nação brasileira

estabelecer como uma identidade nacional. Muitas outras alteridades também se fizeram presentes, em dinâmicas de harmonia e conflito que com frequência resultaram em sentimentos, manifestações e políticas nacionalistas e xenofóbicas.

Como bem afirmam historiadores como Jeffrey Lesser e Paulo Cesar Gonçalves, a imigração estrangeira, em suas relações com a nação brasileira, sempre obrigou nosso Estado a pensar e repensar sua base territorial, suas ideias e projetos políticos, assim como suas relações com a sociedade brasileira e com outros Estados e nações do mundo. A imigração estrangeira também estimulou a invenção de sedutores e persistentes mitos nacionais.[114]

Quando a Corte portuguesa se instalou no Brasil em 1808, várias medidas foram sendo adotadas para promover a instalação de colonos estrangeiros no país, para cujo desenvolvimento deveriam colaborar. Entre 1811 e 1814, um pequeno grupo de chineses aportou ao Rio de Janeiro em um intento fracassado de desenvolver a cultura do chá. Portugueses de outras partes do império – notadamente dos Açores – foram recebidos no Espírito Santo em duas ocasiões (1812 e 1817), enquanto suíços e germânicos (ainda não existiam alemães) estabeleceram colônias na Bahia (em 1816 ou 1818, e em 1822) e no Rio de Janeiro (1819).

Com a fundação do Império do Brasil, em fins de 1822, a imigração portuguesa passou a ser uma imigração estrangeira de fato, embora os critérios de definição da nacionalidade brasileira ainda estivessem sendo elaborados. Fosse de portugueses ou de outros estrangeiros, a imigração para o Brasil passou a ser estimulada não só como instrumento de desenvolvimento econômico, mas também como fonte rápida de recrutamento para campanhas militares, bem como uma forma de assegurar a defesa do território nacional, em especial de suas fronteiras com os países vizinhos ao Brasil. Não tardaria para que a imigração estrangeira fosse vista, também, como uma maneira de branquear a nação, diminuindo os traços africanos e indígenas dos brasileiros.

A década de 1820 conheceu a fundação de novas colônias germânicas no Brasil: as de São Leopoldo (1824), Torres (1826) e Três Forquilhas (1827), todas no Rio Grande do Sul; Itapecerica e Santo Amaro (1829), em São Paulo; São Pedro de Alcântara e Mafra (1829), em Santa Catarina; e Rio Negro (1829), no Paraná. Por essa época, claro, havia também no Brasil estrangeiros residentes de outras nacionalidades. Em 1830 o Império restringiu o financiamento à imigração estrangeira, que declinou até que o Ato Adicional, de 1834, incentivasse a atração de novas levas por parte dos governos provinciais. Motivada ainda pela extinção do tráfico negreiro e pela Lei de Terras (1850), a imigração voltou a crescer, ainda que com oscilações. Entre 1840 e 1850 foram criadas 20 colônias de estrangeiros, tanto por iniciativas públicas quanto privadas; até 1889, surgiriam outras 250.[115]

Entre 1821 e 1880, o Brasil foi o terceiro maior destino de imigrantes das Américas, atrás apenas de Estados Unidos e Canadá. Em nosso país ingressaram cerca de 455 mil pessoas, um número bastante significativo. Nada, porém, comparável ao que ocorreria entre 1880 e 1929, quando aqui aportariam cerca de 4 milhões de estrangeiros.[116]

Esse *boom* da imigração para o Brasil correspondeu a um contexto mundial de enormes deslocamentos humanos, e que teve nos países americanos alguns de seus grandes receptores. Cada lugar de saída, assim como cada lugar de chegada de toda essa gente, conta uma parte dessa história. No que diz respeito especificamente ao Brasil, a progressiva substituição do trabalhador escravo por novos trabalhadores livres,

188 Formação da nação brasileira

o fim da escravidão e os projetos racistas de branqueamento da nação brasileira levaram à retomada, a partir de 1885, das iniciativas governamentais e privadas de imigração estrangeira para o país. Uma imigração que, daí em diante, se pautaria por critérios bastante seletivos. Um decreto de 28 de junho de 1890 proibiu expressamente a entrada no país de trabalhadores asiáticos e africanos, o que privilegiava europeus cristãos, latinos ou germânicos; a partir de 1907, porém, o Brasil passou a promover a vinda de também imigrantes japoneses.

Nesse período, os maiores contingentes de imigrantes desembarcados no Brasil foram, em ordem decrescente: uma imensa maioria de italianos, portugueses e espanhóis, seguidos por alemães, russos, japoneses, austríacos, sírio-libaneses, armênios, romenos e poloneses. Um contingente considerável incluiu ainda ucranianos, lituanos, letões, suecos, holandeses, noruegueses, ingleses, canadenses, belgas e dinamarqueses, dentre outros. E em meio a toda essa gente, uma porcentagem expressiva incluía judeus de várias nacionalidades.[117]

Muitas vezes a nacionalidade dos imigrantes não era registrada corretamente, ou simplesmente não era registrada. Tais problemas podiam ocorrer tanto nos países de origem dos imigrantes como no Brasil, tornando os controles governamentais e as estatísticas deficientes. Nesses casos, porém, nacionalidades oficiais e formais podiam ser diluídas e novas identidades poderiam ser criadas. Um caso significativo é o dos imigrantes genericamente chamados de *sírio-libaneses*.

Até o fim da Primeira Guerra Mundial (1918), o Líbano e a Síria compunham a Grande Síria – ou simplesmente Síria –, que era um dos territórios do Império Otomano. Com o fim da guerra e do império, o Líbano se tornou um protetorado francês; a Síria se dividiu em territórios britânicos e árabes, tendo fundado em 1920 um reino próprio, mas que logo também caiu sob domínio francês. E em 1943 e 1946, respectivamente, Líbano e Síria se tornaram países independentes da França. Porém, como a imigração ao Brasil de pessoas desses dois países ocorreu majoritariamente entre 1850 e 1914, eles ainda compunham uma mesma unidade política, embora fossem de duas nacionalidades distintas; daí sua frequente identificação, nos registros brasileiros, como sírio-libaneses. E como até 1918 seus passaportes eram emitidos pelo governo otomano, comumente eles eram identificados, também, como turcos ou árabes. Com o prosseguimento dessa imigração, tais associações e confusões persistiram e se converteram em identidades. Até hoje, descendentes desses imigrantes no Brasil podem se considerar de origem turca, síria, libanesa, árabe ou tudo ao mesmo tempo.[118] O autor deste livro conheceu pessoas cujos parentes eram provenientes de certa região da Síria, mas que se consideravam descendentes de árabes... da Arábia Saudita!

Outro caso significativo de como a imigração estrangeira para o Brasil criou identidades diz respeito aos portugueses. Já explicamos como a identidade nacional portuguesa ofereceu a primeira grande alteridade estrangeira que permitiu o surgimento de uma identidade nacional brasileira. Após 1822, com a crescente distinção entre brasileiros e portugueses, a imigração portuguesa para o Brasil se tornou um fenômeno bem definido e numericamente expressivo. Houve numerosos casos de portugueses que, após anos vivendo no Brasil, retornaram definitivamente a Portugal e, uma vez lá, passaram a ser identificados como brasileiros. Eram brasileiros de Portugal, que desempenhavam o papel de "ponte" entre duas nações sem serem totalmente de uma ou de outra. Entre as últimas décadas do século XIX e as primeiras do XX, houve ainda iniciativas de escritores e intelectuais de criarem uma espécie de cultura transnacional portuguesa que deveria envolver principalmente a Espanha, mas também poderia contemplar a América e o Brasil.[119] E até hoje há quem acredite – com uma boa dose de idealismo – que a comunhão linguística reúne brasileiros, portugueses, angolanos, moçambicanos, cabo-verdianos, são-tomenses e timorenses em uma mesma comunidade, para além de suas nações específicas.

A Era Vargas (1930-1945) se notabilizou pela adoção de políticas públicas de desenvolvimento econômico, de fortalecimento de indústrias nacionais e de proteção do trabalhador brasileiro. Quanto às políticas de imigração, vimos anteriormente como a persistência do prestígio de teorias racistas e eugenistas incentivou uma imigração seletiva, favorável ao ingresso no país de italianos, portugueses e espanhóis, e expressamente proibitiva em relação a asiáticos, africanos e agora também a ciganos. O antijudaísmo, que já não era irrelevante, se manifestou com o apoio de grupos políticos como a Ação Integralista Brasileira, e mesmo comunidades imigrantes "desejadas" sofreram com políticas nacionalistas que as identificavam como potenciais invasoras da nação brasileira. Foram tomadas medidas como a proibição da publicação de jornais em língua estrangeira e o fechamento de escolas de imigrantes. Durante a Segunda Guerra Mundial, mais precisamente após o ingresso do Brasil no conflito ao lado das potências aliadas (1942), as comunidades italianas, alemãs e japonesas existentes no país foram especialmente vigiadas, estigmatizadas e perseguidas.[120]

Antes, durante e depois da Era Vargas, as relações entre a nação brasileira e a imigração estrangeira deram lugar a estereótipos com capacidade de recriar identidades nacionais. Existem muitos registros de pessoas que no Brasil, em certas épocas e regiões, consideraram imigrantes europeus do norte da Europa como supostamente democráticos, alfabetizados, fortes, saudáveis e religiosos, mas também sujos e repulsivos;

ucranianos, bons agricultores; poloneses ou "polacos", atrasados, preguiçosos, brutos e propensos à criminalidade; italianos, fascistas e dotados de mau caráter; alemães, positivamente organizados e disciplinados, ou pejorativamente nazistas; japoneses, fechados, misteriosos e sectários; sírio-libaneses, árabes e judeus, avarentos. Quanto aos estigmas dos portugueses como pouco inteligentes, incompetentes, mal-educados e colonizadores, sua história é mais antiga: já entre 1822 e 1823, José Bonifácio assim os considerava, seguindo uma forma de ver comum à época. Segundo essas formas distorcidas e preconceituosas de ver o estrangeiro, o brasileiro seria – para bem ou para mal – o contrário disso tudo.[121] Até hoje existem muitos brasileiros que pensam assim... se é que isso é pensar.

Entre 1945 e 1969, novas levas de imigração estrangeira chegaram ao Brasil, totalizando mais de 860 mil pessoas. A maioria continuou a ser composta pela mesma tríade anterior, agora em nova ordem: portugueses, espanhóis e italianos, seguidos por japoneses, alemães e outras nacionalidades que incluíram algumas até então ausentes ou pouco expressivas no Brasil, como húngaros e argentinos. Houve oscilações, com momentos de maior ou menor receptividade de estrangeiros, mas um decreto de 18 de setembro de 1945 reforçou – pela enésima vez – o caráter seletivo europeizante, racista e branqueador da política imigratória brasileira. Sua revogação só aconteceria décadas depois, mais precisamente em 19 de agosto de 1980, quando foi promulgado o *Estatuto do Estrangeiro*.

Hoje em dia, há quem considere o Brasil um país especialmente aberto a imigrantes. Mesmo se for apenas parcialmente verdadeiro, esse diagnóstico pode ser relevante para a história da nação brasileira. No mundo atual, milhões de imigrantes continuam a se deslocar de um país a outro. Em

192 Formação da nação brasileira

2020, a Organização das Nações Unidas contabilizou cerca de 281 milhões de pessoas nessa situação, gente vivendo fora de seus países de origem fugindo de guerras, perseguições religiosas e políticas, genocídios, catástrofes naturais, vítimas da fome, do desemprego e da pobreza. Há também imigrantes espontâneos, mas sua porcentagem é muito menor do que a dos imigrantes forçados. No Brasil, as nacionalidades mais recentemente aportadas incluem bolivianos, venezuelanos, peruanos, haitianos, angolanos, senegaleses, ganeses, nigerianos, sírios (sírios mesmo!), afegãos, chineses, coreanos e indianos, dentre muitos outros. Em todo o mundo, fronteiras continuam a se fechar, mas também a se abrir. Nacionalismos e xenofobias seguem vivos, amortizados por concepções humanitárias, internacionalistas e integradoras de um mundo plural.[122] Por toda parte, as nações continuam a ser fenômenos vivíssimos.

A história da imigração estrangeira para o Brasil, parte fundamental da história da nação brasileira, nunca foi exclusivamente de convivência pacífica entre diferentes culturas e identidades, tampouco a de um país que, ao receber tantos e tantos estrangeiros, a eles supostamente teria dado um lugar seguro para que pudessem prosperar. Desde os motivos que fizeram esses imigrantes abandonarem seus países de origem, passando pelas condições de suas novas vidas no Brasil, até os resultados nem sempre felizes das muitas maneiras deles se relacionarem com outros brasileiros, essa história sempre foi recheada de conflitos e de violência. Ela espelha, com suas características específicas, a própria história do Brasil como um todo. Mesmo conflitiva a violenta, a imigração forjou mais um de nossos mitos nacionais: o de um Brasil imigrante e civilizado, construído mais "de fora" do que "de dentro". Um Brasil mais europeu do que asiático, pouco ou nada africano ou indígena. Um mito específico, mas que – como bem deve ter notado nosso atento leitor – casa perfeitamente com outros de nossos mitos nacionais, os quais este livro procurou identificar e explicar.

Em suas origens, consolidação e variações, nossa nação sempre buscou, de alguma maneira, se distinguir de outras estrangeiras. Ao mesmo tempo, e a duras penas, ela sempre precisou a elas se abrir, para se tornar uma nação de muitas outras nações: estrangeiras, indígenas e africanas. É assim que, nos últimos 200 anos, ela tem sido uma nação brasileira. E é assim que sua história continua a ser escrita, porque afinal de contas, é uma história que continua a ser vivida.

CONCLUSÃO
Sobre o futuro da nação

Depois de tudo o que foi tratado neste livro, uma pergunta ainda paira no ar: se o Brasil jamais se fragmentou por causa da força coesiva que a nação brasileira mostrou desde seus primeiros momentos – e que só cresceu ao longo do tempo –, de onde veio, afinal, essa força?

A nação brasileira começou a ser formar, durante a Independência, pela oposição de projetos políticos entre Brasil e Portugal. Para além da necessidade de definição do português como um estrangeiro, e que fomentou conflitos até meados do século XIX, desde cedo, a nova nação *definiu critérios de exclusão que não estavam pautados em referenciais individuais permanentes e imutáveis, mas em condições móveis e potencialmente transitórias*. E foi assim que ela se consolidou.

Expliquemos melhor: para além dos estrangeiros que toda nação precisa parcialmente excluir, a brasileira também definiu que dela não fariam parte escravos nem indígenas não assimilados. Ocorre, porém, que um escravo poderia – ao menos em tese – deixar de sê-lo; e um indígena até então considerado "selvagem" na preconceituosa ótica da época, poderia se tornar "civilizado". As duas possibilidades, determinadas por valores políticos e culturais de origem europeia incorporados pela nação brasileira em seu nascedouro, traziam em si formas de violência e dominação, eventualmente até de destruição. Quanto a isso, não resta dúvidas. Mas as duas possibilidades também forneceram horizontes de expectativa, direção, metas a não brasileiros que poderiam se tornar brasileiros; e com isso, poderiam aspirar, por diversos motivos e de diferentes maneiras, alterações favoráveis em suas vidas cotidianas. Afirmamos em páginas anteriores: a nação brasileira, ao impor uma fratura na antiga nação portuguesa, acabou por incluir muita gente, estatisticamente falando. E o outro tanto que ela excluiu, sempre pode contar com o aceno de uma futura inclusão. *Essa abertura inclusiva da nação brasileira, independentemente de sua efetiva realização, foi sua grande força coesiva e perpetuadora, bem como a garantia de sua estabilidade ao longo dos anos.*

Nem toda nação, historicamente, funciona assim. Muitas definem seus critérios de inclusão e exclusão não por condições modificáveis, mas permanentes: local de nascimento, ascendência familiar, língua paterna ou materna, grupo étnico ou religioso etc. E nada disso pode ser mudado. Não foi o que ocorreu no Brasil. Aqui, as interdições à nacionalidade sempre puderam ser – ao menos potencialmente, não custa repetir – transpostas. Tal possibilidade desestimulou ideias e projetos de nação alternativos e isolou eventuais separatismos.

Consolidada em sua forma e conteúdo básicos por volta de 1850, a nação brasileira vem conhecendo, desde então, enormes variações – e esse é o significado de sua *formação*. Foi assim, por exemplo, com a Abolição, com a República, com as levas de imigração estrangeira que aportaram ao país, com os diferentes regimes políticos que governaram o Estado nacional, e com muitas mobilizações coletivas e episódios de violência política e social que sempre fizeram a nossa história. Quase nenhuma das variações aí implicadas, porém, afrontou a brasilidade da nação; quase todas, pelo contrário, acabaram por reforçá-la.

As formas tipicamente brasileiras de conflito tenderam a se concentrar em aspectos da vida social que não afrontassem a unidade da nação. Brasileiros sempre se mataram e continuam a se matar, por muitos e muitos motivos, relacionados com desigualdade social, disputas pelo controle do Estado, interesses econômicos e ambientais, perseguições político-ideológicas, racismo, desprezo pelos povos originários, intolerância religiosa, subalternização da condição feminina, diversidade de gênero, preconceito contra estrangeiros, questões puramente pessoais etc. Ninguém, porém, parece disposto a se arriscar em defesa da nação brasileira, menos ainda de uma nação alternativa a ela; no máximo, por parciais variações e modificações daquela nação. O que, aliás, não é pouca coisa.

Será sempre assim? Continuará a nação brasileira a se alimentar da própria conflituosidade entre os brasileiros para, pondo-se à margem dessa conflituosidade, manter-se como uma referência identitária tão forte e estável como tem sido há tanto tempo? Não sabemos, e tampouco queremos arriscar exercícios de futurologia que, como historiadores, aprendemos desde cedo a evitar. Como toda e qualquer construção histórica, uma nação não é algo necessariamente eterno. Se ela foi construída, um dia poderá ser desfeita. No entanto, as muitas formas de autodestruição dos brasileiros não têm, ao menos até aqui, incluído afrontas sérias à sua condição identitária nacional.

A constatação e explicação desse fenômeno, razão de ser deste livro, talvez indique que é possível não só uma modificação desse cenário, mas também – o que, de nossa parte, preferiríamos testemunhar – uma reversão da própria autodestruição dos brasileiros. Se um dia isso for possível, a firme e estável *nação brasileira* pode ser um elemento de estímulo. Ou, pelo menos, o ponto de partida para novas e melhores variações.

Agradecimentos

Pela paciência, incentivo e leitura crítica, meus agradecimentos iniciais vão para Jaime Pinsky, logo extensivos a toda a equipe da Contexto. Rodrigo Goyena Soares, Fernanda Sposito, Alexandre Moreli e Ana Prates fizeram valiosas críticas, sugestões e correções a versões anteriores deste livro. Informações pontuais, mas fundamentais, nos foram fornecidas por Danielly Telles, Marcelo Cheche Galves, Marcos Ferreira de Andrade, Murillo Dias Winter e Lidiane Rodrigues. Finalmente, agradecemos a Lígia Carvalhosa e Ana Buarque, que nos possibilitaram o acesso a imagens que enriqueceram a obra. Eventuais erros e imprecisões são de minha exclusiva responsabilidade. A inspiração para este livro veio de István Jancsó (*in memoriam*).

Notas

[1] Hernâni Donato, *Dicionário das batalhas brasileiras: dos conflitos com indígenas às guerrilhas políticas urbanas e rurais*, São Paulo, Ibrasa, 1987, pp. 83, 121-195.

[2] Institute for Economics & Peace, *Global Peace Index 2022 - Measuring Peace in a Complex World*, Sydney, IEP, 2022; Gilson Garrett Jr., "As 50 cidades mais violentas do mundo (o Brasil tem 10 na lista)", *Exame*, 23 mar. 2023, disponível em: https://exame.com/mundo/as-50-cidades-mais-violentas-do-mundo-o-brasil-tem-10-na-lista/, acesso em: 15 jun. 2023.

[3] Daniela Fernandes, "4 dados que mostram por que o Brasil é um dos países mais desiguais do mundo, segundo relatório", *BBC News Brasil*, 7 dez. 2021, disponível em: https://www.bbc.com/portuguese/brasil-59557761, acesso em: 15 jun. 2023. "Pesquisa da FGV aponta aumento da desigualdade social após a pandemia", *IBASE*, 28/03/2023, disponível em: https://ibase.br/pesquisa-da-fgv-aponta-aumento-da-desigualdade-social-apos-a-pandemia/, acesso em: 15 jun. 2023.

[4] José Carlos Chiaramonte, "Metamorfoses do conceito de nação durante os séculos XVII e XVIII", em I. Jancsó (org.), *Brasil: formação do Estado e da nação*, São Paulo, Hucitec/Fapesp, 2003, pp. 61-91; Benedict Anderson, *Comunidades imaginadas: reflexões sobre a origem e a difusão do nacionalismo*, São Paulo, Companhia das Letras, 2008; Eric J. Hobsbawm, *Nações e nacionalismo desde 1780: programa, mito e realidade*, Rio de Janeiro, Paz e Terra, 1990; Ernest Gellner, *Nações e nacionalismo*, Lisboa, Gradiva, 1983; Anthony D. Smith, *Myths and Memories of the Nation*, New York, Oxford University Press, 1999; Rogers Brubaker, *Ethnicity Without Groups*, Cambridge, Harvard University Press, 2004; John Hutchinson, *Nationalism and War*, Oxford,

202 Formação da nação brasileira

Oxford University Press, 2017. E várias contribuições em: Ronald G. Suny e Terry Martin (eds.), *A State of Nations: Empire and Nation-Making in the Age of Lenin and Stalin*, New York, Oxford University Press, 2001.

5 István Jancsó e João Paulo Pimenta, "Peças de um mosaico (ou apontamentos para o estudo da emergência da identidade nacional brasileira)", em C. G. Mota (org.), *Viagem incompleta: a experiência brasileira*, São Paulo, Senac, 2000, pp.127-175; István Jancsó, "A construção dos Estados nacionais na América Latina – apontamentos para o estudo do Império como projeto", em T. Szmrecsányi e J. R. do A. Lapa (orgs.), *História econômica da independência e do Império*, São Paulo, Hucitec, 1996, pp. 3-26.

6 Uma excelente abordagem do caso espanhol e suas nuances é: José M. Portillo Valdés, *Una historia atlántica de los orígenes de la nación y el estado: España y las Españas en el siglo XIX*, Madrid, Alianza, 2022.

7 Stefan Berger, *Germany*, London, Arnold, 2004. Uma crítica pioneira à existência de um "caráter nacional" brasileiro em: Dante Moreira Leite, *O caráter nacional brasileiro: história de uma ideologia*, 5. ed., São Paulo, Ática, 1992.

8 Para os dois últimos parágrafos: Anthony D. Smith, op. cit.

9 Frei Vicente do Salvador, *História do Brasil, 1500-1627*, 4. ed., São Paulo, Melhoramentos, 1954, pp. 44-46.

10 István Jancsó e João Paulo Pimenta, "Peças de um mosaico...", cit.; João Paulo Pimenta, *Independência do Brasil*, São Paulo, Contexto, 2022.

11 Anthony D. Smith, *Chosen Peoples: Sacred Sources of National Identity*, New York, Oxford University Press, 2003, pp. 1-43; Anthony W. Marx, *Faith in Nation: Exclusionary Origins of Nationalism*, New York, Oxford University Press, 2003, pp. 3-112.

12 Os quatro últimos parágrafos estão baseados em: Laura de Mello e Souza, "O nome do Brasil", *Revista de História*, n. 145, 2001, pp. 61-86; e José Murilo de Carvalho, "Brasil, Brazil: sonhos e frustrações", em J. C. Chiaramonte, C. Marichal e A. Granados (orgs.), *Criar a nação: a história dos nomes dos países da América Latina*, São Paulo, Hucitec, 2017, pp. 19-40.

13 Silvia Lara, *Fragmentos setecentistas: escravidão, cultura e poder na América portuguesa*, São Paulo, Companhia das Letras, 2007, cap. 3.

14 Raphael Bluteau, *Vocabulário português e latino*, Coimbra, Colégio das Artes da Companhia de Jesus, 1712, v. 2; António de Moraes Silva, *Dicionário da língua portuguesa*, 4. ed., Lisboa, Impressão Régia, 1831; José da Fonseca, *Novo dicionário da língua portuguesa*, 3. ed., Paris, J.-P. Aillaud, 1831.

15 Marco Pamplona, "Nación – Brasil", em J. Fernández Sebastián (ed.), *Diccionario político y social del mundo iberoamericano. Iberconceptos-I*, Madrid, Fundación Carolina/ Centro de Estudios Políticos y Constitucionales, 2009, pp. 882-893; Bernardo Ricupero, *O Romantismo e a ideia de nação no Brasil (1830-1870)*, São Paulo, Martins Fontes, 2004, pp. 10-11.

16 Os quatro últimos parágrafos estão baseados em: Luciano Figueiredo, "O império em apuros: notas para o estudo das alterações ultramarinas e das práticas políticas no Império colonial português, séculos XVII e XVIII", em J. Furtado (org.), *Diálogos oceânicos: Minas Gerais e as novas abordagens para uma história do Império ultramarino português*, Belo Horizonte, EDUFMG, 2001, pp. 197-254; Roberta G. Stumpf, *Filhos das minas, americanos e portugueses: identidades coletivas na capitania das Minas Gerais (1763-1792)*, São

Paulo, Hucitec/Fapesp, 2010; István Jancsó e João Paulo Pimenta, "Peças de um mosaico...", cit.; e João Paulo Pimenta, *Independência do Brasil*, cit., pp. 31-49.

[17] Para os três últimos parágrafos: Ana Rosa Cloclet da Silva, *Inventando a nação: intelectuais ilustrados e estadistas luso-brasileiros na crise do Antigo Regime português (1750-1822)*, São Paulo, Hucitec/Fapesp, 2006, caps. 1-2; Roderick J. Barman, *Brazil: The Forging of a Nation*, Stanford, Stanford University Press, 1988, pp. 9-41; Jurandir Malerba, *Brasil em projetos: história dos sucessos políticos e planos de melhoramento do reino*, Rio de Janeiro, FGV, 2020, parte I.

[18] Luiz Geraldo Silva, "'Pernambucanos, sois Portugueses!': natureza e modelos políticos das revoluções de 1817 e 1824", em *Almanack Braziliense*, n. 1, maio 2005.

[19] Márcia R. Berbel, *A nação como artefato: deputados do Brasil nas Cortes portuguesas, 1821-1822*, São Paulo, Hucitec/Fapesp, 1999; Ana Rosa Silva, *Inventando a nação...*, cit., cap. 4; István Jancsó e João Paulo Pimenta, "Peças de um mosaico...", cit.

[20] Cecília Helena Oliveira, "Tramas políticas, redes de negócios", em István Jancsó (org.), *Brasil...*, cit., pp. 389-406.

[21] Gladys S. Ribeiro, *A liberdade em construção: identidade nacional e conflitos antilusitanos no Primeiro Reinado*, 2. ed., Niterói, Eduff, 2022, pp. 27-28, 51-52, 83; Lúcia Maria Neves, *Corcundas e constitucionais: a cultura política da Independência (1820-1822)*, Rio de Janeiro, Revan/Faperj, 2003, esp. parte 2; Thiago Krause e Rodrigo Goyena Soares, *Império em disputa: Coroa, oligarquia e povo na formação do Estado brasileiro (1823-1870)*, Rio de Janeiro, FGV Editora, 2022, p. 76.

[22] Elis Pacífico Silva, *A construção de uma identidade nacional brasileira em visões estrangeiras (1808-1822)*, São Paulo, Dissertação (Mestrado) – FFLCH-USP, 2015.

[23] João Paulo Pimenta, *Independência do Brasil*, cit., pp. 103-112; Sérgio Armando Diniz Guerra Filho, "Prisão de portugueses durante a guerra da Bahia: construindo o inimigo (1822-23)", em J. Nascimento, J. Oliveira e S. Guerra Filho (orgs.), *Bahia: ensaios de história social e ensino de história*, Salvador, Eduneb, 2014, pp. 19-41.

[24] Gladys S. Ribeiro, op. cit., pp. 82-83.

[25] Idem, pp. 37, 66.

[26] Miriam Dolhnikoff, *História do Brasil Império*, São Paulo, Contexto, 2017, pp. 36-40; Andréa Slemian, *Sob o império das leis: constituição e unidade nacional na formação do Brasil (1822-1834)*, São Paulo, Hucitec/Fapesp, 2009, pp. 87-108; Thiago Krause e Rodrigo Goyena Soares, op. cit., pp. 30-48; Márcia Berbel, Rafael Marquese e Tâmis Parron, *Escravidão e política: Brasil e Cuba, 1790-1850*, São Paulo, Hucitec, 2010, cap. 2.

[27] Mônica Lima e Souza, *Entre margens: o retorno à África de libertos no Brasil, 1830-1870*, Niterói, Tese (Doutorado) – UFF, 2008.

[28] Luiz Felipe de Alencastro, "Le traite négrière et l'unité nationale brésilienne", em *Revue Française d'Histoire d'Outre Mer*, v. 66, n. 244, 1979, pp. 395-419; Ricardo Salles, *Nostalgia imperial: escravidão e formação da identidade nacional no Brasil do Segundo Reinado*, 2. ed., Rio de Janeiro, Ponteio, 2013, pp. 33, 114, 117; Thiago Krause e Rodrigo Goyena Soares, op. cit., caps. 1 e 2.

[29] John Hutchinson, *Nationalism and War*, Oxford, Oxford University Press, 2017.

[30] Gladys S. Ribeiro, op. cit., pp. 19-30; Thiago Krause e Rodrigo Goyena Soares, op. cit., pp. 85-98.

[31] Essa aproximação tem por base: *Estatísticas históricas do Brasil: séries econômicas, demográficas e sociais de 1550 a 1998*, 2. ed., ver. e atual., Rio de Janeiro, IBGE, 1990. O

204 Formação da nação brasileira

caráter parcialmente inclusivo da nação brasileira, em termos raciais, foi pioneira-
mente afirmado por Márcia Berbel, Rafael Marquese e Tâmis Parron, op. cit.

[32] Ricardo Salles, op. cit., p. 49.

[33] Marco Morel, *O período das Regências (1831-1840)*, Rio de Janeiro, Jorge Zahar, 2003, pp. 20-25; Gladys S. Ribeiro, op. cit.; Thiago Krause; Rodrigo Goyena Soares, op. cit. A citação de Feijó em Marco Morel, *O período das Regências*, cit., p. 55.

[34] Os cinco últimos parágrafos estão baseados em: Thiago Krause e Rodrigo Goyena Soares, op. cit., pp. 88-98, 103-118; Marco Morel, *O período das Regências*, cit., pp. 25-31; Miriam Dolhnikoff, op. cit., pp. 50-51.

[35] Para os três últimos parágrafos: Ilmar Rohloff de Mattos, *O tempo saquarema: a forma-ção do Estado imperial*, 4. ed., Rio de Janeiro, Access, 1999, parte II; Rafael Marquese, "Capitalismo, escravidão e a economia cafeeira do Brasil no longo século XIX", em *Saeculum*, v. 29, 2013, pp. 289-321; Thiago Krause e Rodrigo Goyena Soares, op. cit., pp. 98-102; Miriam Dolhnikoff, op. cit., pp. 51-55.

[36] Roderick J. Barman, op. cit., cap. 8; Thiago Krause e Rodrigo Goyena Soares, op. cit., pp. 24, 156-182.

[37] Para os quatro últimos parágrafos: José Gonçalves Gondra e Alessandra Schueler, *Educação, poder e sociedade no império brasileiro*, São Paulo, Cortez, 2008, pp. 28-39; Alessandra Schueler, "Educação", em C. H. Oliveira e J. P. Pimenta (orgs.), *Dicionário da Independência do Brasil: história, memória e historiografia*, São Paulo, BBM/Edusp, 2022, pp. 338-340; Heloísa de O. S. Villela, "O mestre-escola e a professora", em E. Lopes, L. Faria Filho e C. Veiga (orgs.), *500 anos de educação no Brasil*, 3. ed., Belo Horizonte, Autêntica, 2007, pp. 95-134.

[38] Sobre a língua portuguesa no Brasil do século XIX: Ivana Stolze Lima, *Cores, marcas e falas: sentidos da mestiçagem no Império do Brasil*, Rio de Janeiro, Arquivo Nacional, 2003, pp. 133-179.

[39] Maria de Lourdes M. Janotti, *A Balaiada*, 2. ed. São Paulo, Brasiliense, 1991, pp. 7-10.

[40] Gladys S. Ribeiro, op. cit., pp. 125, 132; Sérgio Guerra Filho, *O antilusitanismo na Bahia do Primeiro Reinado (1822-1831)*, Salvador, Tese (Doutorado) – UFBA, 2015.

[41] Marco Morel, *O período das Regências*, cit., pp. 59-61; Thiago Krause e Rodrigo Goyena Soares, op. cit., pp. 122-123.

[42] Thiago Krause e Rodrigo Goyena Soares, op. cit., p. 81; Mark Harris, *Rebelião na Amazônia: Cabanagem, raça e cultura popular no norte do Brasil, 1798-1840*, Campinas, Editora da Unicamp, 2017, pp. 252-253; Luiz Felipe de Alencastro, "Vida privada e ordem privada no Império", em *História da vida privada no Brasil: Império*, São Paulo, Companhia das Letras, 1997, pp. 53 e segs.

[43] Magda Ricci, "Cabanagem, cidadania e identidade revolucionária: o problema do patriotismo na Amazônia entre 1835 e 1840", em *Tempo*, v. 11, n. 22, 2007; Mark Harris, op. cit., cap. 8.

[44] Hendrik Kraay, "'As Terrifying as Unexpected': the Bahian Sabinada, 1837-1838", em *The Hispanic American Historical Review*, v. 72, n. 4, nov. 1992, pp. 501-527; Douglas Guimarães Leite, *Sabinos e Diversos: emergências políticas e projetos de poder na revolta baiana de 1837*, Salvador, Empresa Gráfica da Bahia/Fundação Pedro Calmon, 2007.

[45] Maria de Lourdes M. Janotti, op. cit. pp. 63-69.

[46] Adriana Barreto de Souza, *Duque de Caxias: o homem por trás do monumento*, Rio de Janeiro, Civilização Brasileira, 2008, cap. 5; Thiago Krause e Rodrigo Goyena Soares, op. cit., pp. 156-158.

Notas 205

[47] Izabel Marson, *Revolução Praieira: resistência liberal à hegemonia conservadora em Pernambuco e no Império (1842-1850)*, São Paulo, Fundação Perseu Abramo, 2009; Thiago Krause e Rodrigo Goyena Soares, op. cit., pp. 163-167.

[48] Em linhas gerais, é o que afirmaram, antes de nós, autores como Barman (op. cit.), e Thiago Krause e Rodrigo Goyena Soares, op. cit.

[49] Para os três últimos parágrafos: Wilma Peres Costa, *A espada de Dâmocles: o exército, a guerra do Paraguai e a crise do Império*, São Paulo/Campinas, Hucitec/Ed. Unicamp, 1996; Thiago Krause e Rodrigo Goyena Soares, op. cit., pp. 243-286; Miriam Dolhnikoff, op. cit., pp. 137-148; Ricardo Salles, op. cit., p. 140.

[50] Tudo o que afirmamos sobre Caxias baseia-se no livro de Adriana Barreto de Souza, *Duque de Caxias*, cit.

[51] Quatro destacados autores cujas obras nos permitem tais afirmações são: Cesar A. B. Guazzelli, *O horizonte da província: a república rio-grandense e os caudilhos do Rio da Prata (1835-1845)*, Porto Alegre, Linus, 2012; Maria Medianeira Padoim, *Federalismo gaúcho: fronteira platina, direito e revolução*, São Paulo, Companhia Editora Nacional, 2001; Álvaro A. Klafke, *Antecipar essa idade de paz, esse império do bem: imprensa periódica e discurso de construção do Estado unificado (São Pedro do Rio Grande do Sul, 1831-1845)*, Porto Alegre, Tese (Doutorado) – UFRGS, 2011; José Iran Ribeiro, *O império e as revoltas: Estado e nação nas trajetórias dos militares do exército imperial no contexto da Guerra dos Farrapos*, Rio de Janeiro, Arquivo Nacional, 2013.

[52] Adriana Barreto de Souza, op. cit., cap. 6; Maria Medianeira Padoim, op. cit., pp. 90-125, 144-175; Álvaro A. Klafke, op. cit., pp. 191, 209-210; Thiago Krause e Rodrigo Goyena Soares, op. cit., p. 127.

[53] Guazzelli, op. cit.; Maria Medianeira Padoim, op. cit., pp. 64-66; Thiago Krause e Rodrigo Goyena Soares, op. cit., pp. 124-128.

[54] Para os dois últimos parágrafos: Maria Medianeira Souza, op. cit., cap. 6.

[55] Para os três últimos parágrafos: Maria Medianeira Souza, op. cit., pp. 527-533.

[56] Thiago Krause e Rodrigo Goyena Soares, op. cit., p.86. Também Roderick J. Barman, op. cit., p. 217 e segs.

[57] IBGE, *Estatísticas históricas do Brasil...*, cit.

[58] Angela Alonso, *Flores, votos e balas: o movimento abolicionista brasileiro (1868-88)*, São Paulo, Companhia das Letras, 2015, pp. 16-20; Miriam Dolhnikoff, op. cit., pp. 115-130; Thiago Krause e Rodrigo Goyena Soares, op. cit., pp. 286-308.

[59] IBGE, *Estatísticas históricas do Brasil...*, cit.

[60] Ricardo Salles, op. cit., pp. 75, 114; Miriam Dolhnikoff, op. cit., p. 121.

[61] Florestan Fernandes, *A integração do negro na sociedade de classes volume I: o legado da "raça branca"*, São Paulo, Edusp, 1965, parte I; Angela Alonso, op. cit., pp. 361-369.

[62] Thiago Krause e Rodrigo Goyena Soares, op. cit., p. 318.

[63] Robert Levine, *O sertão prometido: o massacre de Canudos*, São Paulo, Edusp, 1995, p. 285.

[64] Benedict Anderson, *Comunidades imaginadas: reflexões sobre a origem e a difusão do nacionalismo*, São Paulo, Companhia das Letras, 2008.

[65] Pierre Bourdieu, *Sur l'État: cours au Collège de France 1989-1992*, Paris, Seuil, 2012, pp. 111-114, 259-261.

[66] Anthony D. Smith, *Myths and Memories...*, cit.; José Carlos Chiaramonte, "El mito de los orígenes en la historiografía latinoamericana", em *Cuadernos del Instituto Ravignani*, n. 2, Buenos Aires, s.d.

[67] Jacques Le Goff, *História e memória*, 7. ed. rev., Campinas, Editora Unicamp, 2013; Ulpiano Bezerra de Meneses, "A história, cativa da memória? Para um mapeamento da memória no campo das Ciências Sociais", em *Revista IEB*, 34, 1992, pp. 9-24; Anthony D. Smith, *Myths,*. cit.

[68] J. Chevalier e A. Gheerbrant (orgs.), "Introdução", em *Dicionário de símbolos*, 5. ed., Rio de Janeiro, José Olympio, 1991.

[69] Armelle Enders, *Os vultos da nação: fábrica de heróis e formação dos brasileiros*, Rio de Janeiro, FGV Editora, 2014, pp. 25-27.

[70] Armelle Enders, op. cit., cap. 6; Danilo Ferretti, *A construção da paulistanidade: identidade, historiografia e política em São Paulo (1856-1930)*, São Paulo, Tese (Doutorado) – FFLCH-USP, 2004.

[71] Evaldo Cabral de Mello, *Rubro veio: o imaginário da restauração pernambucana*, 2. ed. rev. e aum., Rio de Janeiro, Topbooks, 1997. Uma crítica abrangente aos mitos nativistas da história do Brasil – e que toca no próprio Evaldo Cabral de Mello – é: Rogério Forastieri da Silva, *Colônia e nativismo: a história como "biografia da nação"*, São Paulo, Hucitec, 1997.

[72] João Pinto Furtado, *O manto de Penélope: história, mito e memória da Inconfidência Mineira de 1788-9*, São Paulo, Companhia das Letras, 2002, caps. 1 e 3; Armelle Enders, op. cit., cap. 6.

[73] Para os três últimos parágrafos: Cecília Helena Oliveira, "Historiografia e memória da independência", em J. P. Pimenta (org.), *E deixou de ser colônia: uma história da independência do Brasil*, São Paulo, Edições 70, 2022, pp. 371-414; Rafael Fanni, *Temporalização dos discursos políticos no processo de Independência do Brasil*, São Paulo, BBM, 2022.

[74] Para os cinco últimos parágrafos: Cecília Helena Oliveira, "Historiografia e memória...", cit.; Armelle Enders, op. cit., cap. 3; Rodrigo Turim, *Tessituras do tempo: discurso etnográfico e historicidade no Brasil oitocentista*, Rio de Janeiro, Eduerj, 2013, pp. 27-107; Bernardo Ricupero, op. cit., pp. 124-151; Rogério Forastieri da Silva, op. cit.

[75] Oliveira Lima, *Formação histórica da nacionalidade brasileira*, 2. ed., Rio de Janeiro, Topbooks, 1997. Para mito e história na República Velha e na Era Vargas: José Murilo de Carvalho, *A formação das almas: o imaginário da república no Brasil*, São Paulo, Companhia das Letras, 1990; Lúcia Lippi Oliveira, *A questão nacional na Primeira República*, São Paulo, Brasiliense, 1990; André Fraga, *Os heróis da pátria: política cultural e história do Brasil no governo Vargas*, Curitiba, Prismas, 2015.

[76] Bernardo Ricupero, op. cit., p. 138.

[77] Toda esta discussão em torno de literatura, romantismo e nação está baseada em: Bernardo Ricupero, op. cit., pp. 85-204; Jefferson Cano, "Literatura/Romantismo", em C. H. Oliveira e J. P. Pimenta (orgs.), *Dicionário da Independência do Brasil: história, memória e historiografia*, São Paulo, BBM/Edusp, 2022, pp. 568-570, 862-864; Miriam Dolhnikoff, op. cit., pp. 69-85; Ricardo Salles op. cit., p. 33.

[78] Ricardo Salles, op. cit., p. 89.

[79] Antonio Candido, *Formação da literatura brasileira: momentos decisivos, 1750-1880*, 15. ed., Rio de Janeiro, Ouro sobre Azul, 2014; Haroldo de Campos, *O sequestro do barroco na formação da literatura brasileira: o caso Gregório de Matos*, São Paulo, Iluminuras, 2011.

Notes

[80] Joás Benjamin, "Conheça os heróis e heroínas da pátria", em *Agência Senado*, 05/04/2023, disponível em: https://www12.senado.leg.br/noticias/infomaterias/2023/03/conheca-os-herois-e-as-heroinas-da-patria, acesso em: 30 jul. 2023; Armelle Enders, "Introdução", em op. cit.

[81] Cecília Helena Oliveira, "Bandeiras e símbolos" em C. H. Oliveira e J. P. Pimenta (orgs.), *Dicionário da Independência do Brasil* cit., pp. 111-113.

[82] Anna Cristina C. Fonseca, "Hino Nacional", em C. H. Oliveira e J. P. Pimenta (orgs.) op. cit., pp. 443-444; Lino de Almeida Cardoso, "Hino da Independência", em C. H. Oliveira e J. P. Pimenta (orgs.), op. cit., pp. 442-443.

[83] Hendrik Kraay, "A invenção do Sete de Setembro, 1822-1831", em *Almanack Braziliense*, n. 11, 2010, pp. 52-61; Izabella Bosisio, *A religião no calendário oficial: um mapeamento da legislação sobre feriados no Brasil*, Rio de Janeiro, Dissertação (Mestrado) – UFRJ, 2014; Janaina Martins Cordeiro, *A ditadura em tempos de milagre: comemorações, orgulho e consentimento*, Rio de Janeiro, FGV, 2015.

[84] Paulo Knauss, "A interpretação do Brasil na escultura pública: arte, memória e história", em *Revista do Instituto Histórico e Geográfico Brasileiro*, v. 171, 2010, pp. 219-232.

[85] "Câmara Municipal de SP aprova projeto que troca nome rua da Zona Oeste de 'Sérgio Fleury' para 'Frei Tito'". *G1*, 26/08/2021, disponível em: https://g1.globo.com/sp/sao-paulo/noticia/2021/08/26/camara-municipal-de-sp-aprova-projeto-que-troca-nome-rua-da-zona-oeste-de-sergio-fleury-para-frei-tito.ghtml, acesso em: 25 out. 2023; Rodrigo P. Sá Mota, *Passados presentes: o golpe de 1964 e a ditadura militar*, Rio de Janeiro, Zahar, 2021, pp. 9-18; Italo Nogueira, "Rio proíbe estátuas de escravocratas e pessoas que violaram direitos humanos", em *Estado de Minas Nacional*, 29/11/2023, disponível em: https://www.em.com.br/nacional/2023/11/6662782-rio-proibe-estatuas-de-escravocratas-e-pessoas-que-violaram-direitos-humanos.html, acesso em: 2 dez. 2023.

[86] Cristina Freire, *Além dos mapas: os monumentos no imaginário urbano contemporâneo*, São Paulo, SESC/Annablume, 1997, cap. 1.

[87] Pierre Nora, "Entre memoria e historia. La problemática de los lugares", em *Pierre Nora en Les lieux de mémoire*, Santiago, LOM/Trilce, 2009.

[88] Verbete "Eduardo de Sá", em *Enciclopédia Itaú Cultural de Arte e Cultura Brasileira*, São Paulo, Itaú Cultural, 2023, disponível em: https://enciclopedia.itaucultural.org.br/pessoa21771/eduardo-de-sa, acesso em: 25 out. 2023.

[89] José Murilo de Carvalho, *A formação das almas...*, cit., pp. 119-121.

[90] Idem.

[91] Os quatro últimos parágrafos estão baseados em: Carlos Fausto, *Os índios antes do Brasil*, Rio de Janeiro, Zahar, 2000, pp. 82-83; Fernanda Sposito, "Os indígenas durante a colonização da América portuguesa", em A. Machado e V. Macedo (orgs.), *Povos indígenas entre olhares*, São Paulo, Sesc/Unifesp, 2022, pp. 252 e segs.; John Monteiro, *Tupis, tapuias e historiadores: estudos de história indígena e do indigenismo*, Campinas, Tese (Doutorado) – Unicamp, 2001, caps. 1-3.

[92] Fernanda Sposito, *Nem cidadãos, nem brasileiros: indígenas na formação do Estado nacional brasileiro e conflitos na província de São Paulo (1822-1845)*, São Paulo, Alameda, 2012, parte I; André Machado, "Os indígenas durante a formação dos Estados nacionais na América e no contexto brasileiro", em A. Machado e V. Macedo (orgs.), *Povos indígenas entre olhares*, São Paulo, Sesc/Unifesp, 2022, pp. 259-278.

[93] Marcos Pereira Rufino, "Protagonismo, direitos e política indigenista no Brasil contemporâneo", em A. Machado e V. Macedo (orgs.), *Povos indígenas entre olhares*, cit., p. 47; William Helal Filho, "Foi só uma brincadeira: o assassinato de Galdino Pataxó, queimado vivo enquanto dormia na rua", em *O Globo*, 02/09/2021, disponível em: https://blogs.oglobo.globo.com/blog-do-acervo/post/foi-so-uma-brincadeira-o-assassinato-de-galdino-pataxo-queimado-vivo-enquanto-dormia-na-rua.html, acesso em: 1º set. 2023; Octavio Guedes, "Bolsonaro já lamentou que o Brasil não dizimou os indígenas", em *G1*, 16/03/2022, disponível em: https://g1.globo.com/politica/blog/octavio-guedes/post/2022/03/16/bolsonaro-ja-lamentou-que-o-brasil-nao-dizimou-os-indigenas.ghtml, acesso em: 1º set. 2023.

[94] André Machado, "Os indígenas durante a formação...", cit., p. 267; Mariana Alvim, "Publicado pelo Exército, livro que diz que yanomamis não existem inspirou políticas que levaram a crise humanitária", em *BBC News Brasil*, 11/02/2023, disponível em: https://www.bbc.com/portuguese/articles/cgxn8l41x24o#:~:text=V%C3%ADDdeos-,Publicado%20pelo%20Ex%C3%A9rcito%2C%20livro%20que%20diz%20que%20yanomamis%20n%C3%A3o%20existem,que%20levaram%20a%20crise%20humanit%C3%A1ria&text=Em%20meio%20%C3%A0%20grave%20crise,e%20compartilhados%20nas%20redes%20sociais, acesso em: 1º set. 2023; Marco Morel, *A saga dos botocudos: guerra, imagens e resistência indígena*, São Paulo, Hucitec, 2018.

[95] Toda esta passagem relativa a indígenas no século XX está baseada em: Marcos Pereira Rufino, op. cit., p. 47-73; Manuela Carneiro da Cunha, "Índios na Constituição", *Novos Estudos Cebrap*, v. 37, n. 3, 2018; Elizângela Cardoso de Araújo Silva, "Povos indígenas e o direito à terra na realidade brasileira", *Serviço Social e Sociedade*, v. 133, 2018; e Lavínia Oliveira e Maria Cristina Troncarelli, "Políticas de saúde e educação: conquistas e desafios dos povos indígenas na luta por seus direitos", em A. Machado e V. Macedo (orgs.), *Povos indígenas entre olhares*, cit., pp. 103-127.

[96] Francisco Vidal Luna e Herbert Klein, *Escravismo no Brasil*, São Paulo, Edusp/Imesp, 2010, pp. 167-202; Mônica Lima e Souza, *Entre margens: o retorno à África de libertos no Brasil, 1830-1870*, Niterói, Tese (Doutorado) – UFF, 2008.

[97] Francisco Vidal Luna e Herbert Klein, op. cit., pp. 169-172.

[98] Luís Nicolau Parés, *O rei, o pai e a morte: a religião vodum na antiga costa dos escravos na África ocidental*, São Paulo, Companhia das Letras, 2016, pp. 354-359; Robert Slenes, "A grande greve do crânio do tucuxi: espíritos das águas centro-africanas e identidade escrava no início do século XIX no Rio de Janeiro", em L. Heywood (org.), *Diáspora negra no Brasil*, 2. ed., São Paulo, Contexto, 2012, pp. 193 e segs.

[99] Os últimos seis parágrafos estão baseados em: Mary C. Karasch, *Slave Life in Rio de Janeiro 1808-1850*, Princeton, Princeton University Press, 1987, cap. 1; Nei Lopes, *Bantos, malês e identidade negra*, Rio de Janeiro, Forense Universitária, 1988; Silvia Lara, *Fragmentos setecentistas: escravidão, cultura e poder na América portuguesa*, São Paulo, Companhia das Letras, 2007, cap. 3.

[100] João José Reis, *Rebelião escrava no Brasil: a história do levante dos Malês em 1835*, 3. ed. rev. e ampl., São Paulo, Companhia das Letras, 2012, pp. 307-349.

[101] Thiago Krause e Rodrigo Goyena Soares, op. cit., p. 305.

[102] Kabengele Munanga, *Rediscutindo a mestiçagem no Brasil: identidade nacional versus identidade negra*, 5. ed. rev. e ampliada, Belo Horizonte, Autêntica, 2020, pp. 23 e segs.; Luiz Felipe de Alencastro, "Vida privada e ordem privada no Império", em

História da vida privada no Brasil: Império, São Paulo, Companhia das Letras, 1997, pp. 83 e segs.; Ivana Stolze Lima, *Cores, marcas e falas: idiomas da mestiçagem no Império do Brasil*, Rio de Janeiro, Arquivo Nacional, 2003; Anthony Marx, *Making Race and Nation: a Comparison of South Africa, The United States and Brazil*, Cambridge, Cambridge University Press, 1998, pp. 10-17.

[103] Kabengele Munanga, op. cit., pp. 53 e segs.; Ricardo Salles, op. cit., p. 127; Ivana Stolze Lima, op. cit., esp. cap. 2; Anthony Marx, *Making*, cit., cap. 4.

[104] Kabengele Munanga, op. cit., pp. 143-145.

[105] Para os últimos quatro parágrafos: Nancy Leys Stepan, *A hora da eugenia: raça, gênero e nação na América Latina*, Rio de Janeiro, Ed. Fiocruz, 2005, caps. 2 e 5; Kabengele Munanga, op. cit., pp. 47-84.

[106] Nei Lopes, op. cit., p.183. Também: Olívia Maria Cunha, "Sua alma em sua palma: identificando a 'raça' e inventando a nação", em D. Pandolfi (org.), *Repensando o Estado Novo*, Rio de Janeiro, FGV, 1999, pp. 257-288.

[107] João Batista de Jesus Félix. "Pequeno histórico do movimento negro contemporâneo", em L. M. Schwarcz e; L. V. Reis (orgs.), *Negras imagens: ensaios sobre cultura e escravidão no Brasil*, São Paulo, Edusp/Estação Ciência, 1996, pp. 212-213; Ricardo Salles, op. cit. pp. 25, 148-149.

[108] Florestan Fernandes, op. cit., pp. 194-210. Também Anthony Marx, op. cit., cap. 10.

[109] Edilza Correia Sotero, *Representação política negra no Brasil pós-Estado Novo*, São Paulo, 2014, pp. 42-51, Tese (Doutorado em Sociologia) – Faculdade de Filosofia, Letras e Ciências Humanas da Universidade de São Paulo.

[110] João Batista de Jesus Félix, op. cit., parte I.

[111] É a ideia central de Kabengele Munanga, op. cit.

[112] Luiz Felipe de Alencastro, "Vida privada e ordem privada no Império", cit., p. 17; Rafael Marquese, "Capitalismo, escravidão e a economia cafeeira do Brasil no longo século XIX", em *Saeculum*, v. 29, 2013, pp. 289-321.

[113] Na linha do que a propósito das relações entre racismo e imperialismo afirmou, há muitas décadas, o historiador e ativista negro C. L. R. James, *Os jacobinos negros: Toussaint L'Ouverture e a revolução de São Domingos*, São Paulo, Boitempo, 2000, p. 259.

[114] Jeffrey Lesser, *A invenção da brasilidade: identidade nacional, etnicidade e políticas de imigração*, São Paulo, Ed. Unesp, 2015, introdução; Paulo Cesar Gonçalves, "A Grande Imigração no Brasil (1880-1930): números e conjunturas", em L. Reznik (org.), *História da imigração no Brasil*, Rio de Janeiro, FGV, 2020, p. 93.

[115] Marcelo Mac Cord, "Imigração", em C. H. Oliveira e J. P. Pimenta (orgs.). op. cit., pp. 473-476; Gladys S. Ribeiro op. cit., cap. 2; Marieta de Moraes Ferreira, "Nova Friburgo: a invenção da Suíça brasileira", em L. Reznik (org.), op. cit., pp. 39-63; Rui Aniceto Fernandes e Julianna Carolina Costa, "História da imigração (1830-1880)", em L. Reznik (org.), op. cit., pp. 65-89.

[116] Rui Aniceto Fernandes e Julianna Carolina Costa, op. cit.; Paulo Cesar Gonçalves, op. cit.

[117] Idem.

[118] Paula Ribeiro, "A década de 1920 e aspectos da imigração urbana para o Brasil" em Reznik (org.), op. cit., pp. 133-157.

[119] Isabel Corrêa da Silva, "O 'brasileiro': sociabilidade, categorização social e estatuto transnacionais oitocentistas", em *Tempo e Argumento*, v. 14, n. 35, 2022, pp. 1-25;

Sérgio Campos Matos, *Iberismos: nação e transnação, Portugal e Espanha c.1807-c.1931*, Coimbra, Imprensa da Universidade de Coimbra, 2017.

[120] Fábio Koifman, Política imigratória no primeiro governo Vargas (1930-1945), em L; Reznik (org.), op. cit., pp. 159-206; Giralda Seyferth, "Os imigrantes e a campanha de nacionalização do Estado novo", em D. Pandolfi (org.), *Repensando o Estado Novo*, Rio de Janeiro, FGV, 1999, pp. 199-228; e Helena Bomeny, "Três decretos e um ministério: a propósito da educação no Estado Novo" em D. Pandolfi (org.), *Repensando o Estado Novo*, pp. 138-162.

[121] Giralda Seyferth, op. cit.; Gladys S. Ribeiro, cit., pp. 80-81.

[122] Para os dois últimos parágrafos: Luís Reznik e Guilherme dos Santos Marques, "Entre deslocados e espontâneos: a imigração para o Brasil no pós-Segunda Guerra" em L. Reznik (org.), op. cit., pp. 207-249; Lená Medeiros de Menezes, "Imigração: aportes historiográficos", em L. Reznik (org.), op. cit. pp. 17-37.

Bibliografia

ALENCASTRO, Luiz Felipe de. "Le traite négrière et l'unité nationale brésilienne". *Revue Française d'Histoire d'Outre Mer*, v. 66, n. 244, 1979, pp. 395-419.

ALENCASTRO, Luiz Felipe de. Vida privada e ordem privada no Império. In: ALENCASTRO, Luiz Felipe de. *História da vida privada no Brasil*: Império – a corte e a modernidade nacional. São Paulo: Companhia das Letras, 1997, pp. 11-93.

ALONSO, Angela. *Flores, votos e balas*: o movimento abolicionista brasileiro (1868-88). São Paulo: Companhia das Letras, 2015.

ALVIM, Mariana. "Publicado pelo Exército, livro que diz que yanomamis não existem inspirou políticas que levaram a crise humanitária". *BBC News Brasil*, 11 fev. 2023. Disponível em: https://www.bbc.com/portuguese/articles/cgxn8l41x24o. Acesso em: 1º set. 2023.

ANDERSON, Benedict. *Comunidades imaginadas*: reflexões sobre a origem e a difusão do nacionalismo. São Paulo: Companhia das Letras, 2008.

BARATA, Cipriano. *Sentinela da Liberdade e outros escritos (1821-1835)*. Org. Marco Morel. São Paulo: Edusp, 2008.

BARMAN, Roderick J. *Brazil*: The Forging of a Nation. Stanford: Stanford University Press, 1988.

BENJAMIN, Joás. "Conheça os heróis e heroínas da pátria". *Agência Senado*, 05 abr. 2023. Disponível em: https://www12.senado.leg.br/noticias/infomaterias/2023/03/conheca-os-herois-e-as-heroinas-da-patria. Acesso em: 30 jul. 2023.

BERBEL, Márcia R. *A nação como artefato*: deputados do Brasil nas Cortes portuguesas, 1821-1822. São Paulo: Hucitec/Fapesp, 1999.

Formação da nação brasileira

BERBEL, Márcia; MARQUSE, Rafael; PARRON, Tâmis. *Escravidão e política*: Brasil e Cuba, 1790-1850. São Paulo: Hucitec, 2010.

BERGER, Stefan. *Germany*. London: Arnold, 2004.

BLUTEAU, Raphael. *Vocabulário português e latino*. Coimbra: Colégio das Artes da Companhia de Jesus, 1712, v. 2.

BOMENY, Helena M. B. Três decretos e um ministério: a propósito da educação no Estado Novo. In: PANDOLFI, Dulce (org.). *Repensando o Estado Novo*. Rio de Janeiro: FGV, 1999, pp. 137-166.

BOSISIO, Izabella. *A religião no calendário oficial*: um mapeamento da legislação sobre feriados no Brasil. Rio de Janeiro, 2014. Dissertação (Mestrado Antropologia Social) – Universidade Federal do Rio de Janeiro.

BOURDIEU, Pierre. *Sur l'État*: cours au Collège de France 1989-1992. Paris: Seuil, 2012.

BRUBAKER, Rogers. *Ethnicity Without Groups*. Cambridge: Harvard University Press, 2004.

G1. "Câmara Municipal de SP aprova projeto que troca nome rua da Zona Oeste de 'Sérgio Fleury' para 'Frei Tito'". 26 ago. 2021. Disponível em: https://g1.globo.com/sp/sao-paulo/noticia/2021/08/26/camara-municipal-de-sp-aprova-projeto-que-troca-nome-rua-da-zona-oeste-de-sergio-fleury-para-frei-tito.ghtml. Acesso em: 25 out. 2023.

CAMPOS, Haroldo de. *O sequestro do barroco na formação da literatura brasileira*: o caso Gregório de Matos. São Paulo: Iluminuras, 2011.

CANDIDO, Antonio. *Formação da literatura brasileira*: momentos decisivos, 1750-1880. 15. ed. Rio de Janeiro: Ouro sobre Azul, 2014.

CANO, Jefferson. Literatura. In: OLIVEIRA, Cecília Helena Salles de; PIMENTA, João Paulo (orgs.). *Dicionário da Independência do Brasil*: história, memória e historiografia. São Paulo: BBM/Edusp, 2022, pp. 568-570.

CANO, Jefferson. Romantismo. In: OLIVEIRA, Cecília Helena Salles de; PIMENTA, João Paulo (orgs.). *Dicionário da Independência do Brasil*: história, memória e historiografia. São Paulo: BBM/Edusp, 2022, pp. 862-864.

CARDOSO, Lino de Almeida. Hino da Independência. In: OLIVEIRA, Cecília Helena Salles de; PIMENTA, João Paulo (orgs.). *Dicionário da Independência do Brasil*: história, memória e historiografia. São Paulo: BBM/Edusp, 2022, pp. 442-443.

CARVALHO, José Murilo de. *A formação das almas*: o imaginário da república no Brasil. São Paulo: Companhia das Letras, 1990.

CARVALHO, José Murilo de. Brasil, Brazil: sonhos e frustrações. In: CHIARAMONTE, José Carlos; MARICHAL, Carlos; GRANADOS, Aimer (orgs.). *Criar a nação*: a história dos nomes dos países da América Latina. São Paulo: Hucitec, 2017, pp. 19-40.

CHEVALIER, J.; GHEERBRANT, A. (orgs.). *Dicionário de símbolos*. 5. ed. Rio de Janeiro: José Olympio, 1991.

CHIARAMONTE, José Carlos. Metamorfoses do conceito de nação durante os séculos XVII e XVIII. In: JANCSÓ, István (org.). *Brasil*: formação do Estado e da nação. São Paulo: Hucitec/FAPESP, 2003, pp. 61-91.

CHIARAMONTE, José Carlos. "El mito de los orígenes en la historiografía latino-americana". *Cuadernos del Instituto Ravignani*. Buenos Aires, n. 2, out. 1991.

CORDEIRO, Janaina Martins. *A ditadura em tempos de milagre*: comemorações, orgulho e consentimento. Rio de Janeiro: FGV, 2015.

COSTA, Wilma Peres. *A espada de Dâmocles*: o exército, a guerra do Paraguai e a crise do império. São Paulo/Campinas: Hucitec/Editora da Unicamp, 1996.

CUNHA, Manuela Carneiro da. "Índios na Constituição". *Novos Estudos CEBRAP*, v. 37, n.3, 2018, pp. 429-443.

Bibliografia 213

CUNHA, Olívia Maria. Sua alma em sua palma: identificando a "raça" e inventando a nação. In: PANDOLFI, Dulce (org.). *Repensando o Estado Novo*. Rio de Janeiro: FGV, 1999, pp. 257-288.

DOLHNIKOFF, Miriam. *História do Brasil Império*. São Paulo: Contexto, 2017.

DONATO, Hernâni. *Dicionário das batalhas brasileiras*: dos conflitos com indígenas às guerrilhas políticas urbanas e rurais. São Paulo: Ibrasa, 1987.

ENCICLOPÉDIA ITAÚ CULTURAL. Eduardo de Sá. Disponível em: https://enciclopedia.itaucultural.org.br/pessoa21771/eduardo-de-sa. Acesso em: 15 jun. 2023.

ENDERS, Armelle. *Os vultos da nação*: fábrica de heróis e formação dos brasileiros. Rio de Janeiro: FGV, 2014.

IBGE. *Estatísticas históricas do Brasil*: séries econômicas, demográficas e sociais de 1550 a 1998. 2. ed. Rio de Janeiro: IBGE, 1990.

FANNI, Rafael. *Temporalização dos discursos políticos no processo de Independência do Brasil*. São Paulo: BBM, 2022.

FAUSTO, Carlos. *Os índios antes do Brasil*. Rio de Janeiro: Zahar, 2000.

FÉLIX, João Batista de Jesus. Pequeno histórico do movimento negro contemporâneo. In: SCHWARCZ, Lilia Moritz; REIS, Letícia Vidor de Souza (orgs.). *Negras imagens*: ensaios sobre cultura e escravidão no Brasil. São Paulo: Edusp/Estação Ciência, 1996, pp. 211-216.

FERNANDES, Daniela. "4 dados que mostram por que o Brasil é um dos países mais desiguais do mundo, segundo relatório". *BBC News Brasil*, 7 dez. 2021. Disponível em: https://www.bbc.com/portuguese/brasil-59557761. Acesso em: 1º set. 2023.

FERNANDES, Florestan. *A integração do negro na sociedade de classes*: o legado da "raça branca". São Paulo: Edusp, 1965, V. I.

FERNANDES, Rui Aniceto; COSTA, Julianna Carolina. História da imigração (1830-1880). In: REZNIK, Luis (org.). *História da imigração no Brasil*. Rio de Janeiro: FGV, 2020, pp. 65-89.

FERREIRA, Marieta de Moraes. Nova Friburgo: a invenção da Suíça brasileira. In: REZNIK, Luis (org.). *História da imigração no Brasil*. Rio de Janeiro: FGV, 2020, pp. 39-63.

FERRETTI, Danilo José Zioni. *A construção da paulistanidade*: identidade, historiografia e política em São Paulo (1856-1930). São Paulo, 2004. Tese (Doutorado em História Social) – Faculdade de Filosofia Letras e Ciências Humanas da Universidade de São Paulo.

FIGUEIREDO, Luciano. O império em apuros: notas para o estudo das alterações ultramarinas e das práticas políticas no Império colonial português, séculos XVII e XVIII. In: FURTADO, J. (org.). *Diálogos oceânicos*: Minas Gerais e as novas abordagens para uma história do Império ultramarino português. Belo Horizonte: Edufmg, 2001, pp. 197-254.

FILHO, William Helal. "Foi só uma brincadeira: o assassinato de Galdino Pataxó, queimado vivo enquanto dormia na rua". *O Globo*, 2 set. 2021. Disponível em: https://blogs.oglobo.globo.com/blog-do-acervo/post/foi-so-uma-brincadeira-o-assassinato-de-galdino-pataxo-queimado-vivo-enquanto-dormia-na-rua.html. Acesso em: 15 jun. 2023.

FONSECA, Anna Cristina C. Hino Nacional. In: OLIVEIRA, Cecília Helena; PIMENTA, João Paulo (orgs.). *Dicionário da Independência do Brasil*: história, memória e historiografia. São Paulo: BBM/Edusp, 2022, pp. 443-444.

FONSECA, José da. *Novo dicionário da língua portuguesa*, 3. ed. Paris: J. P. Aillaud, 1831.

FRAGA, André. *Os heróis da pátria*: política cultural e história do Brasil no governo Vargas. Curitiba: Prismas, 2015.

FREIRE, Cristina. *Além dos mapas*: os monumentos no imaginário urbano contemporâneo. São Paulo: SESC/Annablume, 1997.

FURTADO, João Pinto. *O manto de Penélope*: história, mito e memória da Inconfidência Mineira de 1788-9. São Paulo: Companhia das Letras, 2002.

GARRETT JR., Gilson. "As 50 cidades mais violentas do mundo (o Brasil tem 10 na lista)". *Exame*, 23 mar. 2023. Disponível em: https://exame.com/mundo/as-50-cidades-mais-violentas-do-mundo-o-brasil-tem-10-na-lista/. Acesso em: 1º set. 2023.

GELLNER, Ernest. *Nações e nacionalismo*. Lisboa: Gradiva, 1983.

GONÇALVES, Paulo Cesar. A Grande Imigração no Brasil (1880-1930): números e conjunturas. In: REZNIK, Luis (org.). *História da imigração no Brasil*. Rio de Janeiro: FGV, 2020, pp. 91-132.

GONDRA, José Gonçalves; SCHUELER, Alessandra. *Educação, poder e sociedade no império brasileiro*. São Paulo: Cortez, 2008.

GUAZZELLI, Cesar Augusto Barcellos. *O horizonte da província*: a república rio-grandense e os caudilhos do Rio da Prata (1835-1845). Porto Alegre: Linus, 2012.

GUEDES, Octavio. "Bolsonaro já lamentou que o Brasil não dizimou os indígenas". *G1*, 16 mar. 2022. Disponível em: https://g1.globo.com/politica/blog/octavio-guedes/post/2022/03/16/bolsonaro-ja-lamentou-que-o-brasil-nao-dizimou-os-indigenas.ghtml. Acesso em: 1º set. 2023.

GUERRA FILHO, Sérgio Armando Diniz. *O antilusitanismo na Bahia do Primeiro Reinado (1822-1831)*. Salvador, 2015. Tese (Doutorado em História Social) – Universidade Federal da Bahia.

GUERRA FILHO, Sérgio Armando Diniz. Prisão de portugueses durante a guerra da Bahia: construindo o inimigo (1822-23). In: NASCIMENTO, Jairo Carvalho do; OLIVEIRA, Josivaldo Pires; GUERRA FILHO, Sérgio Armando Diniz (orgs.). *Bahia*: ensaios de história social e ensino de história. Salvador: Eduneb, 2014, pp. 19-41.

HARRIS, Mark. *Rebelião na Amazônia*: Cabanagem, raça e cultura popular no norte do Brasil, 1798-1840. Campinas: Unicamp, 2017.

HOBSBAWM, Eric J. *Nações e nacionalismo desde 1780*: programa, mito e realidade. Rio de Janeiro: Paz e Terra, 1990.

HUTCHINSON, John. *Nationalism and War*. Oxford: Oxford University Press, 2017.

INSTITUTE FOR ECONOMICS & PEACE. *Global Peace Index 2022 - Measuring Peace in a Complex World*. Sydney: IEP, 2022.

JAMES, C. L. R. *Os jacobinos negros*: Toussaint L'Ouverture e a revolução de São Domingos. São Paulo: Boitempo, 2000.

JANCSÓ, István; PIMENTA, João Paulo. Peças de um mosaico (ou apontamentos para o estudo da emergência da identidade nacional brasileira). In: MOTA, Carlos Guilherme (org.). *Viagem incompleta*: a experiência brasileira. São Paulo: Senac, 2000, pp. 127-175.

JANCSÓ, István. A construção dos Estados nacionais na América Latina: apontamentos para o estudo do Império como projeto. In: SZMRECSÁNYI, Tamás; LAPA, José Roberto do Amaral (orgs.). *História econômica da independência e do Império*. São Paulo: Hucitec, 1996, pp. 3-26.

JANOTTI, Maria de Lourdes Monaco. *A Balaiada*. 2. ed. São Paulo: Brasiliense, 1991.

KARASCH, Mary C. *Slave Life in Rio de Janeiro 1808-1850*. Princeton: Princeton University Press, 1987.

KLAFKE, Álvaro A. *Antecipar essa idade de paz, esse império do bem*: imprensa periódica e discurso de construção do Estado unificado (São Pedro do Rio Grande do

Sul, 1831-1845). Porto Alegre, 2011. Tese (Doutorado em História) – Universidade Federal do Rio Grande do Sul.

KNAUSS, Paulo. "A interpretação do Brasil na escultura pública: arte, memória e história". *Revista do Instituto Histórico e Geográfico Brasileiro*, v. 171, 2010, pp. 219-232.

KOIFMAN, Fábio. Política imigratória no primeiro governo Vargas (1930-1945). In: REZNIK, Luis (org.). *História da imigração no Brasil*. Rio de Janeiro: FGV, 2020, pp. 159-206.

KRAAY, Hendrik. "'As Terrifying as Unexpected': the Bahian Sabinada, 1837-1838". *The Hispanic American Historical Review*, v. 72, n. 4, nov. 1992, pp. 501-527.

KRAAY, Hendrik. "A invenção do Sete de Setembro, 1822-1831". *Almanack Braziliense*, n. 11, maio 2010, pp. 52-61.

KRAUSE, Thiago; SOARES, Rodrigo Goyena. *Império em disputa*: coroa, oligarquia e povo na formação do Estado brasileiro (1823-1870). Rio de Janeiro: FGV, 2022.

LARA, Silvia H. *Fragmentos setecentistas*: escravidão, cultura e poder na América portuguesa. São Paulo: Companhia das Letras, 2007.

LE GOFF, Jacques. *História e memória*. 7. ed. Campinas: Editora Unicamp, 2013.

LEITE, Dante Moreira. *O caráter nacional brasileiro*: história de uma ideologia. 5. ed. São Paulo: Ática, 1992.

LEITE, Douglas Guimarães. *Sabinos e Diversos*: emergências políticas e projetos de poder na revolta baiana de 1837. Salvador: Empresa Gráfica da Bahia/Fundação Pedro Calmon, 2007.

LESSER, Jeffrey. *A invenção da brasilidade*: identidade nacional, etnicidade e políticas de imigração. São Paulo: Editora Unesp, 2015.

LEVINE, Robert. *O sertão prometido*: o massacre de Canudos. São Paulo: Edusp, 1995.

LIMA, Ivana Stolze. *Cores, marcas e falas*: idiomas da mestiçagem no Império do Brasil. Rio de Janeiro: Arquivo Nacional, 2003.

LIMA, Oliveira. *Formação histórica da nacionalidade brasileira*. 2. ed. Rio de Janeiro: Topbooks, 1997.

LOPES, Nei. *Bantos, malês e identidade negra*. Rio de Janeiro: Forense Universitária, 1988.

LUNA, Francisco Vidal; KLEIN, Herbert. *Escravismo no Brasil*. São Paulo: Edusp/Imesp, 2010.

MAC CORD, Marcelo. Imigração. In: OLIVEIRA, Cecília Helena Salles de; PIMENTA, João Paulo (orgs.). *Dicionário da Independência do Brasil*: história, memória e historiografia. São Paulo: BBM/Edusp, 2022, pp. 473-476.

MACHADO, André. Os indígenas durante a formação dos Estados nacionais na América e no contexto brasileiro. In: MACHADO, André Roberto de A.; MACEDO, Valéria (orgs.). *Povos indígenas entre olhares*. São Paulo: Sesc/Unifesp, 2022, pp. 259-278.

MALERBA, Jurandir. *Brasil em projetos*: história dos sucessos políticos e planos de melhoramento do reino. Rio de Janeiro: FGV, 2020.

MARQUESE, Rafael. "Capitalismo, escravidão e a economia cafeeira do Brasil no longo século XIX". *Saeculum*, v. 29, 2013, pp. 289-321.

MARSON, Izabel. *Revolução Praieira*: resistência liberal à hegemonia conservadora em Pernambuco e no Império (1842-1850). São Paulo: Fundação Perseu Abramo, 2009.

MARX, Anthony W. *Making Race and Nation*: a Comparison of South Africa, The United States and Brazil. Cambridge: Cambridge University Press, 1998.

MARX, Anthony W. *Faith in Nation*: Exclusionary Origins of Nationalism. New York: Oxford University Press, 2003.

MATOS, Sérgio Campos. *Iberismos*: nação e transnação, Portugal e Espanha (c.1807-c.1931). Coimbra: Imprensa da Universidade de Coimbra, 2017.

MATTOS, Ilmar Rohloff de. *O tempo saquarema*: a formação do Estado imperial. 4. ed. Rio de Janeiro: Access, 1999.

MELLO, Evaldo Cabral. *Rubro veio*: o imaginário da restauração pernambucana. 2. ed. Rio de Janeiro: Topbooks, 1997.

MENESES, Ulpiano Bezerra de. "A história, cativa da memória? Para um mapeamento da memória no campo das Ciências Sociais". *Revista IEB*, n. 34, 1992, pp. 9-24.

MENEZES, Lená Medeiros de. Imigração: aportes historiográficos. In: REZNIK, Luis (org.). *História da imigração no Brasil*. Rio de Janeiro: FGV, 2020, pp. 17-37.

MONTEIRO, John. *Tupis, tapuias e historiadores*: estudos de história indígena e do indigenismo. Campinas, 2001. Tese (Livre-docência) – Universidade Estadual de Campinas, Instituto de Filosofia e Ciências Humanas.

MOREL, Marco. *O período das Regências (1831-1840)*. Rio de Janeiro: Jorge Zahar, 2003.

MOREL, Marco. *A saga dos botocudos*: guerra, imagens e resistência indígena. São Paulo: Hucitec, 2018.

MOTA, Rodrigo Patto Sá. *Passados presentes*: o golpe de 1964 e a ditadura militar. Rio de Janeiro: Zahar, 2021.

MUNANGA, Kabengele. *Rediscutindo a mestiçagem no Brasil*: identidade nacional *versus* identidade negra. 5. ed. Belo Horizonte: Autêntica, 2020.

NEVES, Lúcia Maria. *Corcundas e constitucionais*: a cultura política da Independência (1820-1822). Rio de Janeiro: Revan/Faperj, 2003.

NOGUEIRA, Italo. "Rio proíbe estátuas de escravocratas e pessoas que violaram direitos humanos". *Estado de Minas Nacional*, 29 nov. 2023. Disponível em: https://folha.com/71atqldm. Acesso em: 2 dez. 2023.

NORA, Pierre. Entre memoria e historia: la problemática de los lugares. In: NORA, Pierre. *Les lieux de mémoire*. Santiago: LOM/Trilce, 2009.

OLIVEIRA, Cecília Helena. Tramas políticas, redes de negócios. In: JANCSÓ, István (org.). *Brasil*: formação do Estado e da nação. São Paulo: Hucitec/FAPESP, 2003, pp. 389-406.

OLIVEIRA, Cecília Helena. Historiografia e memória da independência. In: PIMENTA, João Paulo (org.). *E deixou de ser colônia*: uma história da independência do Brasil. São Paulo: Edições 70, 2022, pp. 371-414.

OLIVEIRA, Cecília Helena. Bandeiras e símbolos. In: OLIVEIRA, Cecília Helena Salles de; PIMENTA, João Paulo (orgs.). *Dicionário da Independência do Brasil*: história, memória e historiografia. São Paulo: BBM/Edusp, 2022, pp. 111-113.

OLIVEIRA, Lavínia; TRONCARELLI, Maria Cristina. Políticas de saúde e educação: conquistas e desafios dos povos indígenas na luta por seus direitos. In: MACHADO, André Roberto de A.; MACEDO, Valéria (orgs.). *Povos indígenas entre olhares*. São Paulo: Sesc/Unifesp, 2022, pp. 103-127.

OLIVEIRA, Lúcia Lippi. *A questão nacional na Primeira República*. São Paulo: Brasiliense, 1990.

PADOIM, Maria Medianeira. *Federalismo gaúcho*: fronteira platina, direito e revolução. São Paulo: Companhia Editora Nacional, 2001.

PAMPLONA, Marco. Nación. In: FERNÁNDEZ SEBASTIÁN, Javier (ed.). *Diccionario político y social del mundo ibero-americano*: La era de las revoluciones, 1750-1850 (Iberconceptos-I). Madrid: Fundación Carolina/Centro de Estudios Políticos y Constitucionales, 2009, pp. 882-893.

PARÉS, Luís Nicolau. *O rei, o pai e a morte*: a religião vodum na antiga costa dos escravos na África ocidental. São Paulo: Companhia das Letras, 2016.

INSTITUTO BRASILEIRO DE ANÁLISES SOCIAIS E ECONÔMICAS (Ibase). "Pesquisa da FGV aponta aumento da desigualdade social após a pandemia". Ibase, 28 mar.

Bibliografia **217**

2023. Disponível em: https://ibase.br/pesquisa-da-fgv-aponta-aumento-da-desigualdade-social-apos-a-pandemia/. Acesso em: 15 jun. 2023.

PIMENTA, João Paulo. *Independência do Brasil*. São Paulo: Contexto, 2022.

PORTILLO VALDÉS, José M. *Una historia atlántica de los orígenes de la nación y el estado*: España y las Españas en el siglo XIX. Madrid: Alianza, 2022.

REIS, João José. *Rebelião escrava no Brasil*: a história do levante dos Malês em 1835. 3. ed. São Paulo: Companhia das Letras, 2012.

REZNIK, Luis; MARQUES, Guilherme dos Santos. Entre deslocados e espontâneos: a imigração para o Brasil no pós-Segunda Guerra. In: REZNIK, Luis (org.). *História da imigração no Brasil*. Rio de Janeiro: FGV, 2020, pp. 207-249.

RIBEIRO, Gladys Sabina. *A liberdade em construção*: identidade nacional e conflitos anti-lusitanos no Primeiro Reinado. 2. ed. Niterói: Eduff, 2022.

RIBEIRO, José Iran. *O império e as revoltas*: Estado e nação nas trajetórias dos militares do exército imperial no contexto da Guerra dos Farrapos. Rio de Janeiro: Arquivo Nacional, 2013.

RIBEIRO, Paula. A década de 1920 e aspectos da imigração urbana para o Brasil. In: REZNIK, Luis (org.). *História da imigração no Brasil*. Rio de Janeiro: FGV, 2020, pp. 133-157.

RICCI, Magda. "Cabanagem, cidadania e identidade revolucionária: o problema do patriotismo na Amazônia entre 1835 e 1840". *Tempo*, v. 11, n. 22, 2007.

RICUPERO, Bernardo. *O Romantismo e a ideia de nação no Brasil (1830-1870)*. São Paulo: Martins Fontes, 2004.

RUFINO, Marcos Pereira. Protagonismo, direitos e política indigenista no Brasil contemporâneo. In: MACHADO, André Roberto de A.; MACEDO, Valéria (orgs.). *Povos indígenas entre olhares*. São Paulo: Sesc/Unifesp, 2022, pp. 45-76.

SALLES, Ricardo. *Nostalgia imperial*: escravidão e formação da identidade nacional no Brasil do Segundo Reinado. 2. ed. Rio de Janeiro: Ponteio, 2013.

SALVADOR, Frei Vicente. *História do Brasil, 1500-1627*. 4. ed. São Paulo: Melhoramentos, 1954.

SCHUELER, Alessandra. Educação. OLIVEIRA, Cecília Helena Salles de; PIMENTA, João Paulo (orgs.). *Dicionário da Independência do Brasil*: história, memória e historiografia. São Paulo: BBM/Edusp, 2022, p.338-340.

SEYFERTH, Giralda. Os imigrantes e a campanha de nacionalização do Estado novo. In: PANDOLFI, Dulce (org.). *Repensando o Estado Novo*. Rio de Janeiro: FGV, 1999, pp. 199-228.

SILVA, Ana Rosa Cloclet da. *Inventando a nação*: intelectuais ilustrados e estadistas luso-brasileiros na crise do Antigo Regime português (1750-1822). São Paulo: Hucitec/Fapesp, 2006.

SILVA, António de Moraes. *Dicionário da língua portuguesa*, 4. ed. Lisboa, Impressão Régia, 1831.

SILVA, Elis Pacífico. *A construção de uma identidade nacional brasileira em visões estrangeiras (1808-1822)*. São Paulo, 2015. Dissertação (Mestrado em História Social) – Universidade de São Paulo, Faculdade de Filosofia, Letras e Ciências Humanas.

SILVA, Elizângela Cardoso de Araújo. Povos indígenas e o direito à terra na realidade brasileira. *Serviço Social e Sociedade*, n. 133, 2018.

SILVA, Isabel Corrêa da. "'O brasileiro': sociabilidade, categorização social e estatuto transnacionais oitocentistas". *Tempo e Argumento*, v. 14, n. 35, 2022, pp. 1-25.

SILVA, Luiz Geraldo. "'Pernambucanos, sois Portugueses!': natureza e modelos políticos das revoluções de 1817 e 1824. *Almanack Braziliense*, n. 1, maio/2005.

SILVA, Rogério Forastieri da. *Colônia e nativismo*: a história como "biografia da nação". São Paulo: Hucitec, 1997.

SLEMIAN, Andréa. *Sob o império das leis*: constituição e unidade nacional na formação do Brasil (1822-1834). São Paulo: Hucitec/Fapesp, 2009.

SLENES, Robert. A grande greve do crânio do tucuxi: espíritos das águas centro-africanas e identidade escrava no início do século XIX no Rio de Janeiro. In: HEYWOOD, Linda (org.). *Diáspora negra no Brasil*. 2. ed. São Paulo: Contexto, 2012, pp. 193-217.

SMITH, Anthony D. *Chosen Peoples*: Sacred Sources of National Identity. New York: Oxford University Press, 2003.

SMITH, Anthony D. *Myths and Memories of the Nation*. New York: Oxford University Press, 1999.

SOTERO, Edilza Correia. *Representação política negra no Brasil pós-Estado Novo*. São Paulo, 2015. Tese (Doutorado em Sociologia) – Universidade de São Paulo, Faculdade de Filosofia, Letras e Ciências Humanas.

SOUZA, Adriana Barreto de. *Duque de Caxias*: o homem por trás do monumento. Rio de Janeiro: Civilização Brasileira, 2008.

SOUZA, Laura de Mello e. O nome do Brasil. *Revista de História*, n. 145, 2001, pp. 61-86.

SOUZA, Mônica Lima e. *Entre margens*: o retorno à África de libertos no Brasil, 1830-1870. Niterói, 2008. Tese (Doutorado em História) – Universidade Federal Fluminense, Instituto de História.

SPOSITO, Fernanda. Os indígenas durante a colonização da América portuguesa. In: MACHADO, André Roberto de A.; MACEDO, Valéria (orgs.). *Povos indígenas entre olhares*. São Paulo: Sesc/Unifesp, 2022, pp. 237-257.

SPOSITO, Fernanda. *Nem cidadãos, nem brasileiros*: indígenas na formação do Estado nacional brasileiro e conflitos na província de São Paulo (1822-1845). São Paulo: Alameda, 2012.

STEPAN, Nancy Leys. *A hora da eugenia*: raça, gênero e nação na América Latina. Rio de Janeiro: Fiocruz, 2005.

STUMPF, Roberta G. *Filhos das minas, americanos e portugueses*: identidades coletivas na capitania das Minas Gerais (1763-1792). São Paulo: Hucitec/FAPESP, 2010.

SUNY, Ronald Grigor; MARTIN, Terry (eds.). *A State of Nations*: Empire and Nation-Making in the Age of Lenin and Stalin. New York: Oxford University Press, 2001.

TURIM, Rodrigo. *Tessituras do tempo*: discurso etnográfico e historicidade no Brasil oitocentista. Rio de Janeiro: Eduerj, 2013.

VILLELA, Heloísa de O. S. O mestre-escola e a professora. In: LOPES, Eliane Marta Teixeira; FARIA FILHO, Luciano Mendes de; VEIGA, Cynthia Greive (orgs.). *500 anos de educação no Brasil*. 3. ed. Belo Horizonte: Autêntica, 2007, pp. 95-134.

O autor

João Paulo Pimenta é doutor em História. Professor do Departamento de História da USP desde 2004, foi professor visitante em universidades do México, Espanha, Equador, Chile e Uruguai. Especialista em História do Brasil e da América espanhola dos séculos XVIII e XIX, Teoria da História e História do Tempo. É autor de dezenas de trabalhos acadêmicos e de divulgação histórica e de dez livros editados em seis países. Pela Contexto é coautor da obra *Dicionário de datas da história do Brasil* e autor de *Independência do Brasil*.

LEIA TAMBÉM

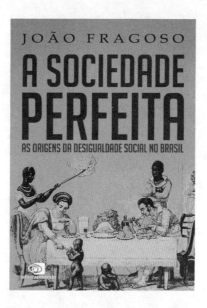

A SOCIEDADE PERFEITA
AS ORIGENS DA DESIGUALDADE SOCIAL NO BRASIL
João Fragoso

Economistas, sociólogos, antropólogos e historiadores, cada um do seu jeito, vêm tentando explicar o Brasil. Eles nos desnudam, querendo nos mostrar quem somos e por que somos assim, com nossa riqueza e nossa pobreza. Cada autor tenta explicar como é que um país no qual "em se plantando tudo dá" conseguiu chegar ao grau de desigualdade e de pobreza que hoje nos acomete.

Nesta obra, escrita com competência e paixão, o historiador João Fragoso apresenta um panorama bastante diferente daquele que enxerga o capitalismo comercial atuando em terras brasileiras. Ele registra a origem da desigualdade exatamente na sobrevivência de relações feudais no mundo ibérico.

A sociedade perfeita já nasce como um candidato a livro de referência, de leitura obrigatória, tanto pela farta documentação utilizada quanto pela riqueza de análise.

Leitura fascinante e obrigatória.

CADASTRE-SE
EM NOSSO SITE,
FIQUE POR DENTRO DAS NOVIDADES
E APROVEITE OS MELHORES DESCONTOS

LIVROS NAS ÁREAS DE:

História | Língua Portuguesa | Educação
Geografia | Comunicação | Relações Internacionais
Ciências Sociais | Formação de professor
Interesse geral | Romance histórico

ou
editoracontexto.com.br/newscontexto

Siga a Contexto
nas Redes Sociais:
@editoracontexto

GRÁFICA PAYM
Tel. [11] 4392-3344
paym@graficapaym.com.br